介護福祉士養成シリーズ 2

生活支援技術・介護過程

守本とも子
星野政明
編著

黎明書房

はじめに

　少子高齢社会の到来により，私たちの暮らしにおいて介護の必要性が高まるとともに介護の質も問われるようになってきた。高齢社会の重要な課題を担う社会福祉分野においても，高齢者や障害者への介護問題は大きな課題として社会の関心を集めている。

　これらの社会状況を背景に，介護を担う専門職である介護福祉士の活躍に大きな期待がかけられている。

　介護福祉士は，社会福祉士及び介護福祉士法により，「介護福祉士は名称独占資格の一つであり，介護福祉士の名称を用いて，専門的知識及び技術をもって，身体上又は精神上の障害があることにより日常生活を営むのに支障がある対象者に心身の状況に応じた介護を行うこと。また，対象者及びその介護者に対して介護に関する指導を行うことを業とする者」と規定されている。その活動の場は主として特別養護老人ホーム，デイケアセンター，障害福祉サービス事業所，その他の社会福祉施設などであるが，活動の場は今後も増加していくことが十分考えられる。

　これらの主旨をふまえ，本書では介護を必要とする対象者へのサービスの質の向上を目指し，とりわけ介護領域での専門援助に焦点をあて，その内容・方法を具体的に解説している。

　本書は介護福祉士（Care Worker ケアワーカー）養成シリーズ①〜⑤までのシリーズ②『生活支援技術・介護過程』に該当する。介護福祉士養成シリーズはシリーズ①の『介護の基礎』，シリーズ③の『介護概論Ⅰ―高齢者と社会』，シリーズ④の『介護概論Ⅱ―高齢者の理解』，シリーズ⑤の『介護実習入門』により構成されている。

　本シリーズ②『生活支援技術・介護過程』は，上述の「心身の状況に応じた介護」を実践するための生活支援の方法とそれらを展開していくための一

連の過程としての「介護過程の展開」について具体的な内容を盛り込み，詳細に述べている。特に生活支援技術については，できるだけ図を多く記載することで理解しやすいように工夫した。

　本書において，対象者の生活を支援するうえでの知識と技術，また，その背景となる介護の理念や概念を学ぶことにより，対象者への福祉的援助を実践する専門職として基盤を構築することが可能であると考える。

　本書が一人でも多くの読者に読まれ，日々の実践に役立つことができれば，幸いである。

　最後に，本書を出版する機会をいただいた黎明書房の武馬久仁裕社長に感謝するとともに，企画から編集まで引き受け，いろいろと助言をいただいた編集部村上絢子氏に感謝とお礼を申し上げます。

　2010年（平成22年）4月吉日

　　　　　　　　　　　　　　　　　　　　　　　　　　　　　　編者

目　次

はじめに　1

第1部　生活支援技術

第1章　生活支援 …………………………………… 14

1　生活の理解　14
　（1）　生活とは　14
　（2）　生活形成のプロセス　15
　（3）　生活を構成する要因　16
　（4）　日常生活の評価　16
2　施設での生活支援　17
　（1）　豊かな生活を考える　17
　（2）　生活を支える介護者の姿勢　19
3　ICFモデルの考え方　21

第2章　自立に向けた居住環境の整備 …………………………………… 24

1　居住環境整備の意義と目的　24
　（1）　住環境の問題点と居住環境整備の意義　24
　（2）　居住環境整備の目的　25
2　生活空間と介護　25
　（1）　居住空間（住まい）の役割　25

（2）　介護と環境支援の方向性　26
3　ICF によるアセスメント　27
4　安全で心地良い生活の場づくり　28
　（1）　段差の解消　28
　（2）　手すりの設置　28
　（3）　福祉用具の活用　29
5　よく行われる改修場所　29
　（1）　玄関・玄関アプローチ　30
　（2）　トイレ　31
　（3）　浴室　33
　（4）　居室・寝室　35
6　ユニバーサル・デザインとしての町づくり　38
　（1）　バリアフリーからユニバーサル・デザインへの町づくり　38
　（2）　共同生活施設などにおける空間づくり　39

第3章　自立に向けた身じたくの介護　41

1　身じたくの意義と目的　41
　（1）　身じたくとは何か　41
　（2）　身じたくの目的　42
2　身じたくにおける自立に向けた援助　42
　（1）　身じたくの介護の基本　42
　（2）　ICF（国際生活機能分類）に基づいたアセスメント　43
　（3）　事例検討　44
3　生活習慣と装いの楽しみを支える介護　45
4　衣生活・整容行動の介護の方法　46
　（1）　衣生活の介護　46
　（2）　整容行動の介護　53
　（3）　口腔の清潔の介護　55
　（4）　義歯の管理　57

5　他の職種の役割と協働　59

第4章　自立に向けた移動の介護　61

　1　移動の目的　61
　2　自立に向けた動作介護　62
　3　移動動作の介護　62
　　(1)　支持基底面と重心　63
　　(2)　ベッド上移動〜起き上がり　63
　　(3)　立ち上がり　67
　　(4)　トランスファー　69
　　(5)　歩行　72
　　(6)　階段昇降　74
　　(7)　車椅子移動　75

第5章　自立に向けた食事の介護　79

　1　食事の意義と目的　79
　2　食事に関する対象者のアセスメント　80
　　(1)　ICFの視点　80
　　(2)　ICFの視点に基づく食事のアセスメント　81
　3　「おいしく食べること」を支える介護　84
　4　安全で的確な食事介助の技法　87
　　(1)　食事前　87
　　(2)　食事中　90
　　(3)　食事後　92
　5　対象者の状態・状況に応じた介護の留意点　92
　　(1)　感覚機能が低下している人の介護の留意点　92
　　(2)　運動機能が低下している人の介護の留意点　93
　　(3)　認知・知覚機能が低下している人の介護の留意点　94
　　(4)　誤嚥・窒息の防止のための日常生活の留意点　94

（5）　脱水の予防のための日常生活の留意点　96
　6　他の職種の役割と協働　97

第6章　自立に向けた入浴・清潔保持の介護　…………… 99

　1　入浴の意義と目的　99
　　（1）　入浴の意義　99
　　（2）　入浴の目的　100
　2　入浴に関する対象者のアセスメント（ICF）　100
　　（1）　基本的な考え方　100
　　（2）　事例検討　100
　3　爽快感・安楽を支える介護の工夫　101
　4　安全・的確な入浴・清潔保持の介護の技法　102
　　（1）　入浴　102
　　（2）　シャワー浴　105
　　（3）　全身清拭（せいしき）　105
　　（4）　部分浴　110
　　（5）　洗髪　110
　5　入浴中の不安を低下させるために　113
　　（1）　第1段階：対象者の過去の入浴状態と身体的状態を理解する　113
　　（2）　第2段階：相手の気持ちになり，話をよく聞く　114
　　（3）　第3段階：入浴環境を整える（入浴を楽しむための環境づくり）　115
　6　対象者の状態・状況に応じた介護の留意点　116
　　（1）　感覚機能が低下している人の介護の留意点　116
　　（2）　運動機能が低下している人の介護の留意点　116
　　（3）　認知・知覚機能が低下している人の介護の留意点　116
　7　他の職種の役割と協働　116

目　次

第7章　自立に向けた排泄の介護　…………………………………118

　1　排泄の意義・目的　118
　2　排泄に関する対象者のアセスメント　119
　3　気持ち良い排泄を支える介護　120
　　(1)　我慢させない工夫　120
　　(2)　恥ずかしくなく排泄ができる環境づくり　120
　　(3)　自立の視点　121
　　(4)　家族の介護　121
　4　安全・的確な排泄の技法　122
　　(1)　トイレ　122
　　(2)　ポータブルトイレ　123
　　(3)　採尿器・差し込み便器　125
　　(4)　おむつ　127
　5　対象者の状態・状況に合わせた介護の留意点　128
　　(1)　感覚機能が低下している人の介護の留意点　128
　　(2)　運動機能が低下している人の介護の留意点　129
　　(3)　認知・知覚機能が低下している人の介護の留意点　129
　　(4)　便秘の予防のための日常生活の留意点　130
　　(5)　下痢の予防のための日常生活の留意点　131
　　(6)　尿回数が多い人への日常生活の留意点　132
　　(7)　失禁時の介護の留意点　133
　6　他の職種の役割と協働　133

第8章　自立に向けた家事の介護　…………………………………135

　1　家事の意義・目的　135
　2　家事に関する対象者のアセスメント　136
　3　家事に参加することを支える介護の工夫　136
　4　家事の介助の技法　138

(1) 食事——高齢者・障害者の食事の介助方法　138

  (2) 洗濯　142

  (3) 掃除・ごみ捨て　143

  (4) 裁縫（さいほう）　144

 5　衣料・寝具の衛生管理　144

  (1) 肌着・下着　144

  (2) 昼間着　145

  (3) 寝衣（しんい）　145

  (4) 寝具　146

 6　買い物　147

 7　家庭経営，家計の管理　147

  (1) 家庭経営　147

  (2) 家計の管理　148

第9章　自立に向けた睡眠の介護　149

 1　睡眠のメカニズム　149

  (1) 睡眠経過　149

  (2) サーカディアンリズム（概日（がいじつ）リズム）　150

 2　睡眠に影響を与える要因　151

 3　高齢者の睡眠　151

 4　自立を促す睡眠の介護の必要性　153

 5　爽快な目覚めのための援助　153

 6　自立を促す睡眠の介護の実際　154

  (1) 日常生活のリズムを整える　154

  (2) 生活リズムの中で行う睡眠の援助　156

  (3) 不眠を訴える時の援助　157

第10章　終末期の介護　……………………………………………… 159

1　終末期における介護の意義と目的　159
2　終末期における対象者のアセスメント　162
3　医療との連携　165
　(1)　関係機関との連携の有用性　165
　(2)　看取(みと)りのための制度　165
4　グリーフケア　166

第2部　介護過程

第11章　介護過程の意義　………………………………………… 170

1　介護とは　170
2　介護過程とは　171
3　介護過程の目的・目標　171
　(1)　介護過程の目的　171
　(2)　介護過程の目標　171
　(3)　対象者から信頼される介護　172
　(4)　専門的な介護の提供のために　173

第12章　介護過程の展開　………………………………………… 175

1　介護過程の流れ　175
2　情報収集　176
　(1)　観察の視点　176
　(2)　情報の種類　177
　(3)　データ収集の方法　177
　(4)　バイスティックの7原則　178

3　アセスメント　179
　　(1)　ニーズの把握　180
　　(2)　課題の明確化　181
　　(3)　アセスメントに求められる考え方　182
　4　計画立案　183
　5　実施　184
　6　評価　184

第13章　介護過程の実践的展開　………………………　186

　1　事例演習Ⅰ　186
　　(1)　事例の概要Ⅰ　186
　　(2)　ICF（国際生活機能分類）モデルによる事例の全体像　186
　　(3)　事例の実践的介護展開　188
　2　事例演習Ⅱ　192
　　(1)　事例の概要Ⅱ　192
　　(2)　ICF（国際生活機能分類）モデルによる事例の全体像（ケアマネージャーからの情報提供）　193
　　(3)　事例の実践的展開演習　193

第14章　介護過程とチームアプローチ　………………　203

　1　はじめに　203
　　(1)　チームアプローチとその必要性　203
　　(2)　わが国のチームアプローチの現状とその問題点　203
　2　ケアマネジメント　205
　　(1)　ケアマネジメントの機能と展開　205
　　(2)　ケアマネジメントサイクル　206
　3　介護にかかわる関係職種　207
　　(1)　ネットワークの必要性　207
　　(2)　チームカンファレンスの必要性　210

(3)　対象者の目的に沿った連携のあり方　211
　(4)　チームアプローチにおける対象者と家族の介入　211
　(5)　チームアプローチにおける介護福祉士の介入　212
　(6)　介護保険制度によるマネジメントと介護福祉士の役割　213
　(7)　介護者に対する理解と連携して介護を行う体制づくり　213

索引　216

＊イラスト・岡崎園子

第1部
生活支援技術

第1章●生活支援
第2章●自立に向けた居住環境の整備
第3章●自立に向けた身じたくの介護
第4章●自立に向けた移動の介護
第5章●自立に向けた食事の介護
第6章●自立に向けた入浴・清潔保持の介護
第7章●自立に向けた排泄(はいせつ)の介護
第8章●自立に向けた家事の介護
第9章●自立に向けた睡眠の介護
第10章●終末期の介護

第 1 章

生活支援

　本章では，人が暮らしていくということ，つまり，生活とは何かといったことを理解する。対象者のQOL（Quality Of Life）＊を考えるにあたって，最も基本的な要因である生活のあり方は，その人の習慣そのものでもある。人は，誕生した時から現在に至るまでに，さまざまな習慣を形成させながら生きている。習慣とは「その人らしさ」を形成するものであり，介護職員はそのことをしっかりと認識しておく必要がある。適切な生活支援とは，その人らしさを失うことなく対象者の望む生活を支援することである。

1　生活の理解

(1) 生活とは

　生活とは，広辞苑では「生存して活動すること，世の中で暮らしてゆくこと」としている。また，リーダーズ英和辞典によると，Lifeは「生命，生存，生涯，暮らし，社会活動など」と訳される。人間は生命を維持し生活を送るだけでなく，誰もが健康で暮らしたい，より良い生活を営みたいと願うものである。生活とは，「人間がその人らしく生きるうえでのすべての行動の総体」といえる。
　マズロー（A. H. Maslow：米国の心理学者）の欲求段階において，第Ⅰ階層：生理的欲求，第Ⅱ階層：安全の欲求，第Ⅲ階層：承認と帰属の欲求，第Ⅳ階層：自尊・支配の欲求，第Ⅴ階層：自己実現の欲求としている（第12章図12−2参照）。人間は衣食住という基本的なニーズが満たされ，健康な生活

＊　QOL（Quality Of Life）：生活の質

が送れることを最も願っているが，それだけでは生きている満足感が得られない。安全で安楽（快適）な生活であることはもちろん，他者と関係を築き，社会的役割を獲得し，経済的にも貢献することを望んでおり，その中で自分の存在意義を見出している。

(2) 生活形成のプロセス

この"世"に生を受け，最初に直面する社会は家庭である。人は成長とともに，家庭から近隣，小学校，地域，就職先と自分を取り巻く社会を拡大あるいは変化させていくものである。這う，座る，歩くという生活に必要な基本動作を覚えつつ，挨拶をすること，トイレで排泄すること，こぼさず食事をすることができるように教えられていく。

生活行動の獲得は，家庭という身近な人の規範に基づいた躾から始まる。そして，入園や就学などを経て，協調性などの集団生活行動や情報の選択方法などの社会生活に必要な能力を身につけていく。その過程において，多くの人や情報から影響を受け，人間関係を育みながら適応を繰り返し，成長していく。しかし，現代は核家族化や一人での食卓，地域交流の縮小化など社会情勢により，身近な人からでなく，メディアやインターネットからの情報が生活形成に大きく影響している。その結果，健康観，生活習慣や価値観も多様化している現状がある。

生活は「日常生活」「生活習慣」という言葉として活用される。広辞苑では，日常とは「つねひごろ。ふだん」，習慣とは「日常の決まりきった行い。しきたり，ならわし」「後天的に習得し，比較的固定していて，少ない努力で反復できる行動様式」としている。それらは，誰もが共通した認識を持っている行動を意味することもあれば，生活していく中での経験から習得し，身につけた行動でもある。つまり，習慣は「その人らしさ」の一つであるといえる。

対象者が身につけた習慣を変えることは，これまでの経験のすべてを否定されたような気持ちになったり，自分らしさを失うような寂しい気持ちになる。生活習慣病のように，生命や健康に影響するような習慣は改善することが望ましいが，その習慣も本人にとっては意味のある行動であることを十分

に理解したうえで，援助する必要がある。

(3) 生活を構成する要因

ロートン（Lawton, M. P., 1969年）は，生活機能を規定する人間の活動能力について概念的な検討を行い，その複雑さの度合いに着眼して「生命維持」「機能的健康度」「知覚―認知」「身体的自立」「手段的自立」「状況対応」「社会的役割」の7つの水準を認めた〈文献(1)〉。

より良い生活を探求し，人間の生活を社会的な側面から捉える，生活経営学では，世帯構成と家族機能，生活空間と生活時間，就業労働と家事労働，消費や貯蓄などの生活経済，生活情報の選択，社会保障制度，環境保全（生活者の責任）の視点で，人間の活動能力について述べている〈文献(2)〉。これは，ロートンの7段階の「手段的自立」「状況対応」「社会的役割」に重点を置いていると考える。

また，介護では，環境，衣生活や身じたく，食事，移乗や移動，清潔，睡眠や休息など基本的な日常生活援助，そして家事，収支・生計，余暇活動など手段的生活動作の視点で生活を捉えている。介護は，ロートンの7段階の「身体的自立」「手段的自立」の援助に焦点を当てつつも，7段階のすべてにかかわる必要があるといえる。対象者が日常生活を営むうえでは「生命維持」「機能的健康度」「知覚―認知」の援助が不可欠であり，より豊かな生活を送るためには「状況対応」「社会的役割」の援助が求められている。これらすべての援助の過程において，コミュニケーション技術を活用し「その人らしい生活を支援していく」ことが必要である。

(4) 日常生活の評価

ADL*（日常生活動作）は，客観的に評価することが重要である。それは，現状を把握し，その原因・要因を探求することであり，対象者のできる能力に着眼することである。つまり，動作ができているか否かを評価することだけが目的ではない。できる動作が増え，それを対象者が実感することで，よ

---

* ADL（Activities of Daily Living）：日常生活動作

り日常生活動作の獲得に自信や意欲を持つことができる。現状維持ができている要因や悪化・改善などの変化をもたらした要因を整理し，対象者とともに今後の方向性を導き出す「一つの手段」である。

それは，IADL＊（手段的日常生活動作）を評価する場合も同様である。特に，家事援助において代行者がいると，「できる能力」はあるが，現状は「していない」という状況が発生することも念頭に置き，評価する必要がある。

2　施設での生活支援

(1) 豊かな生活を考える

① 日本の風習を生かした「区切りのある生活」
1) 季節の行事と人生の節目という区切り

日本は年間の気温差が激しい風土から「四季」があり，その季節ごとに行事がある。年中行事は，正月元旦，節分，ひな祭り，端午の節句，七夕，盆，大晦日などが挙げられる〈文献(3)〉。家庭，地域により内容は異なるが，行事を通して季節を感じ，家族や地域の関係を深めてきた。特に，高齢者はこれらの行事を子孫や地域に伝承する役割を担っている。仏壇や墓を守り，田畑を守るなど，先祖を敬う気持ちも強く持っている。また，自分や家族の冠婚葬祭を通して経験する節目を大切にしてきた。

施設の中で生活していると外出する機会が少なく，冷暖房の整備された環境では季節を感じることも少なくなる。そして，今までの役割もなくなり，どうしても受け身的な生活になりがちである。疾患や加齢によりさまざまな喪失を余儀なくされる中でも，自分らしく生きたい，人の役に立ちたい気持ちは持ち続けているものである。日本の良き文化や風習を取り入れた生活により，季節を感じながら，いままで担ってきた役割が担えるように支援することが求められている。

2) 生活空間の区切り

＊　IADL（Instrumental activities of Daily Living）：手段的日常生活動作

ふすまや障子で仕切られた日本家屋は，家族の人影，物音を感じることができる空間である。包丁の音，廊下の足音，玄関を出る子供の声というように，姿が見えなくても気配によって家族の存在を感じることができ，安心して生活していた。そんな日本家屋で生活していた利用者が，白い壁，広い廊下，大きなドアに4人部屋という施設の空間になじめないのは当然のことである。
　ケアとは本来，「世話」「配慮」「気遣い」「気配り」「注意」の意味を持っている〈文献(4)〉。施設構造というハード面を変えることはできなくても，介護者の見守る眼差しや声かけという「配慮」により，人の気配を感じる暖かい生活空間，安心できる生活空間をつくりたい。

②　心地良い時間

　利用者のぼーっとする姿をみると，「活気がない」と考え，刺激を与えるようにと活動的な援助を提供しがちである。確かに，長く続くと意欲の低下や閉じこもりが生じることも考えられる。しかし，このぼーっとする時間は「心穏やかな時間」ともいえる。
　この心穏やかな心地良い時間を過ごせるよう援助をすることは大切であるが，非常に難しいことでもある。それは，心穏やかな心地良い時間は，個々の価値観や生活習慣によって大きく異なるため，利用者をよく理解する姿勢が重要だからである。認知症の利用者は「なじみの場所」で過ごすことや「なじみの顔」に会うことで安心し，表情が穏やかになることもある。窓から景色を眺める，ちょっと冷たい風にあたる，道ばたの花を摘む，そんな小さなことも利用者によっては心地良い時間である。

③　普段の生活を取り入れる

　施設にとっては日常的なことが，自宅で生活していた利用者にとっては，いままでに経験したことがない不慣れなことが多くあることを念頭に置き，援助する必要がある。
　例えば，施設でお茶を提供する時，持ちやすさや落とした時を想定してプラスチック製のカップを使用していることがある。入浴においても，自宅では暗くなってからのんびりと入浴する人がほとんどであるが，施設では人的な問題もあり，昼間に流れ作業で入浴することが多い。事故防止，安全への

配慮，仕事の能率は重要であるが，できる限り普段の生活に近づけるような援助の方向性を導き出すことが重要である。時には，お湯のみに茶たくを敷いて，あるいはティーカップとソーサーを使用してコーヒーや紅茶を提供しても良いのではないか。

また，施設では周囲への気遣いや配慮から自分の感情を抑え込み，受け身的になり，やがて自分らしさを失うことになることも多い。利用者自らが望む生活を，利用者自身で獲得したと認識できることが，豊かな生活になる。それを支えるのが介護の専門性である。現状に慣れることなく，本来の施設ケアのあるべき姿，利用者の望む生活を探求し続ける謙虚な姿勢を持ちたい。

④ 支援を受けて自立すること

依存して生活することは悪いことなのだろうか。依存が続くことにより，できることが少なくなり，生活を縮小するという結果を招くことは問題である。しかし，一時的あるいは一部を他者に委ねることは，自立への一歩であるといえる。利用者は他者との関係性が構築されており，支援を求める手段を獲得しているから，他者に依存できる。支援は，実施したか否かではなく，受け手である利用者の受け止め方により価値が決定するものである。支援を受けるか否かを自己決定することが大切である。

(2) 生活を支える介護者の姿勢

① 説得しない

利用者に理解してほしいことがある場合，「説明する」ことがある。説明が長すぎたり，口調が教育的であったりすると説明ではなく，説得することになる。説得とは，広辞苑では「よく話して，納得させること」とされており，道徳的に物事の善し悪しを言い聞かせることともいわれる。

知識や経験による介護者の価値観を押しつけたり，介護者にとって望ましいと考える返事を求めるような姿勢は好ましくない。特に，高齢者は説明された内容と自分の価値観とを駆け引きするため，説明された内容を理解するのに時間を要することもある。聴く姿勢，待つ姿勢により利用者を理解することが大切である。

② 指導よりも提案

　日常生活動作を再獲得する過程において，介護者は指示・命令形の口調になる傾向がある。また，手を出すと甘えるので放っておくという声を耳にすることもある。いままで何気なく習慣としてきた日常生活の行為ができなくなれば，不安になったり葛藤が生じるのは当然である。達成不可能と感じる目標を目前にした時，あきらめたり人に頼ったりするのは，誰しもが抱く感情である。その思いを受け止めながら，見守り，声かけすること，時には手をそえることで利用者は安心することができる。そして，自分なりにできることやできないこと，支援を受けてできるようになることを見極め，病気や障害を受容していくのである。この過程を支援することが介護の役割である。

　介護者にとっては病気や障害に対する認識がないと思われる利用者の危険な行為であっても，利用者には「以前できていたから，できるかもしれない」「人の手を煩わすのは申し訳ないから，頑張ってみよう」という思いがある。その思いを受け止めながら，意欲を持ち続け，自信が持てるように援助することが大切である。そのためには，利用者や家族が「やってみよう」「できるかも」と思うような提案をすることが望ましい。利用者や家族が納得できる提案をするためには，利用者の望みや願いは何か，これまでの生活背景や価値観はどのようなものかなど，利用者を理解することから始まるといえる。

　正しい方法を習得してもらうのではなく，利用者の意向を尊重し，時には提案しながら，利用者がどのように生活するのかをともに考え，選択していくプロセスを支援することが介護者の役割である。

③ 忍耐

　忍耐というと，自分の感情を抑えて耐え忍ぶというイメージがあるのではないか。ミルトン・メイヤロフは著書『ケアの本質』〈文献(5)〉において，「忍耐とは，何かが起こるのを座視するのではなく，私たちが全面的に身をゆだねる相手への関与の一つのあり方なのである。気持ちを取り乱した人の話を忍耐強く聞いたり，その人と一緒にいることより，その人が考えをまとめたり，何かを感じたりする余裕を与えているのである。

　忍耐強い人は，相手に生活していくうえでのゆとりを与えるのだといった

第1章　生活支援

ほうがより適切な表現であろう」と，相手に関心を示し，成長を願うことがケアの主な要素であることを述べている。常に利用者に関心を示し，より良い生活を支援することが介護の専門性であるといえる。

3　ICF モデルの考え方

ICF＊（国際生活機能分類）の概念と介護者の役割

　ICF は，「活動」の視点を中心に，対象者の生きることや生活全体を捉えている。ICF の主な目的は，対象者の健康状態や生活機能を表現するための共通用語を確立すること，サービス（援助）の質の保証や効果の評価に用いることである。障害という否定的側面でなく，生活機能という肯定的側面に焦点を当てていることが特徴である。

　「心身機能・身体構造」「活動」「参加」を包括して「生活機能」と称し，「個人因子」「環境因子」の2つを「背景因子」としている。

　「心身機能・身体構造」は視野狭窄，右片麻痺など，心身機能の生理的変化や解剖学的な身体構造であり，「活動」はADLや家事など生きることに役立つ行為であり，「参加」は社会的な活動へのかかわりや家庭内・地域で役割を果たすことである。「活動」と「参加」は，「能力（できること）」と「している活動」の2つの視点から把握することが望ましいとされている。

　「個人因子」は性別，年齢，体力，生活習慣など多様な個人の特徴である。「環境因子」は物理的な環境のみならず，人的環境，社会的環境（ソーシャルサポートなど）も含まれる。個人因子は，経験により培った，変化が困難な因子や不可逆的な因子が多いと考えるが，環境因子は変化・改善をもたらすことができる。つまり，「心身機能・身体構造」が改善されなくても，個人因子と環境因子の影響により「活動」「社会参加」を高めることが可能であり，より豊かな生活を実現することができることを示唆している。

　介護者は主に「活動」「参加」にかかわる「人的環境因子」であるといえる。

＊　ICF（International Classification of Functioning, Disabilty and Health）：国際生活機能分類

そして,「物理的・社会的な環境因子」にも支援ができる存在である。残存機能の把握に留まらず,潜在的機能を引き出す援助の方向性を導き出すことができるのも,ICFの特徴である。ICFを活用し,対象者・家族を中心とした生活の再構築,そして豊かな生活を送ることの支援に役立てることが介護者の役割である。
(川口ちづる)

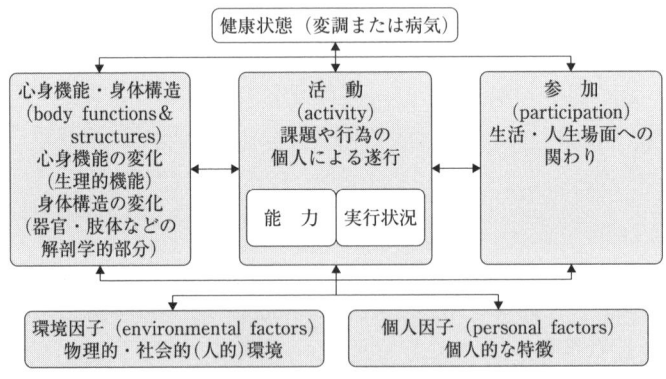

図1-1　ICFモデル

(障害者福祉研究会編『国際生活機能分類—国際障害分類改定版』中央法規出版,2003年,11-17頁をもとに著者改変)

引用・参考文献

(1) 古谷野亘他編著「高齢期の健康,生活機能」『新社会老年学—シニアライフのゆくえ』ワールドプランニング,2003年,66頁。
(2) 奥村美代子他編『生活経営学』九州大学出版会,2004年。
(3) 岩崎雅美他編著「区切る生活」『生活文化学の愉しみ』昭和堂,2005年,74頁。
(4) 金井一薫「看護と介護の共通点と相違点」『ケアの原形論—看護と福祉の接点とその本質』現代社,2001年,115頁。
(5) ミルトン・メイヤロフ「ケアの主な要素」『ケアの本質—生きることの意味』ゆみる出版,2007年,44頁。
(6) 新村出編『広辞苑』第6版,岩波書店,2008年。
(7) 松田徳一朗編『リーダーズ英和辞典』第2版,研究社,1999年。

(8) アンドレア・ストレイト・シュライナー監修（守本とも子，星野政明編）『QOLを高める専門看護，介護を考える』上巻，中央法規出版，2005年。
(9) 奥宮暁子他編『シリーズ生活をささえる看護　生活の再構築を必要とする人の看護Ⅰ』中央法規出版，2006年。
(10) 障害者福祉研究会編『国際生活機能分類―国際障害分類改定版』中央法規出版，2003年。
(11) 大川弥生『介護保険サービスとリハビリテーション』中央法規出版，2007年。
(12) 垣内芳子他『アクティビティ実践ガイド』日総研出版，2004年。

第2章 自立に向けた居住環境の整備

　住居環境，いわゆる「住まい」は，すべての人々にとっての癒しの空間であり，生活の場である。住居環境がQOLに大きく関与することは先行研究でも明らかにされている。施設や在宅の住居環境を整備することは介護を必要とする本人のみならず，介護職者あるいは家族介護者にとっても介護負担の軽減につながり，日常生活をするうえで重要な課題である。本章では，対象者の個別性に応じた住居環境を整備することの意義について述べ，住居環境の利便性がもたらす効果と対象者のQOLを考慮した住環境の整備についての具体的な方法を学ぶ。

1　居住環境整備の意義と目的

(1) 住環境の問題点と居住環境整備の意義

　住環境をめぐる問題として生活に支障をもたらすさまざまな要因が挙げられる。その状況下において住宅環境を整備する必要性が出てくる。

① 在宅生活期間の延長

　高齢化とともに定年後の在宅期間が延長し，在宅生活そのものが延びてきている。高齢化に伴う機能低下などが生じる一方で，それまでの住環境や生活形態には適応できず生活に支障を来たすことになる。

② 介護力の低下

　核家族化とともに家族構成員に介護を担う者が少なくなっている。また，主たる介護者が配偶者となる場合が増え，介護者の高齢化をもたらしている。このような状況では積極的な介護力は期待できず，いかに介護の負担を軽減し，快適な生活を維持するかが重要課題となる。

③ **住宅内における事故の増加**

高齢化に伴う機能低下は，それまでの住環境への調整能力を低下させ，それまでには問題がなかった家屋構造に適応できなくなる。少しの段差で転倒したり，滑(すべ)りやすい浴室内では重大な事故に結びつくことも多くなる。

④ **寝たきりの増加**

住宅内での事故がきっかけで安静から廃用症候群*へ結びつき，それが寝たきりの要因となる場合がある。そのような場合でも，対象者の能力に合わせた適切な環境調整が行われれば，廃用症候群の進行を予防することができる。

(2) 居住環境整備の目的

先に述べた状況において対象者の自立支援が環境支援の第一の目的となる。しかし，それは生活能力の回復のみでなく，対象者の主体的な自己実現をも目指すものでなくてはならない。例えば，外出などに支障を来さないように支援することは，余暇活動やコミュニケーションを拡大し，対象者のQOLを高めることにつながる。また，介護しやすい環境や介護者に負担の少ない環境を整備することも重要である。介護者の仕事や家事などとの両立や介護者の生活をも考えた支援が必要になる。

これらの対象者の自立支援と介護負担の軽減が住環境整備の目的となる。

2 生活空間と介護

(1) 居住空間（住まい）の役割

私たちの居住空間（住まい）にはいくつかの役割がある。それは，①日常生活を行う場，②家族とのコミュニケーションの場，③休息の場，④余暇活動の場，と整理することができる。快適な居住空間の条件には，これらの役

---

* 過度の安静により，単に筋萎縮や骨萎縮を来たすのみならず，心拍出量の低下や起立性低血圧，沈下性肺炎などの局所症状の他に全身症状をも来たす。廃用症候群の予防が急性期リハビリテーションの目標の一つで，早期離床，早期歩行が推奨される。

割が保障されることが必要となる。

① 日常生活を行う場

日常の活動では，就寝・食事・排泄(はいせつ)・入浴などの活動が行われる他，整容(せいよう)・調理・掃除・洗濯などの活動も行われる。その活動は，能率的，衛生的に行われることが必要であり，プライバシーの保護と安全に留意して行われることが必要になる。

② 家族とのコミュニケーションの場

「住まい」とは「家族―家庭」を入れる容器であり，家族の交流の場として大きな意味を持つ。また，家族以外の友人などとの交流の場としても利用される。

③ 休息の場

日常の肉体的，精神的な疲労を回復するための場であり，明かりや騒音などが適宜調整されることが必要である。例えば，後に述べるベッドの選定においては，介護を必要とする状態でも「快適な睡眠」が得られるようさまざまな機能を持った用具が利用される。

④ 余暇活動の場

休息も余暇活動の一つであるが，それ以外に読書，室内娯楽などの活動を行う場である。また，屋外の娯楽活動の基盤としての役割も大きい。介護を必要とする状態では，対象者のQOLに関連する役割として重要である。

(2) 介護と環境支援の方向性

環境支援は，まず「生活の範囲を広げる」視点で考えることが重要である。環境の調整による自立への支援は，後に述べる心身両面に波及効果をもたらす。この「良い循環」をねらいとした援助ができると，環境支援の効果は大きい。

① 主体的な行動を促(うなが)し，生活の範囲を広げること

介護を必要とする状態では，生活の範囲が狭いばかりか，廃用症候群による身体機能の低下や意欲の低下を二次的に起こしていく可能性がある。逆に，環境支援によって生活範囲の拡大を図ると，対象者の主体的な行動を喚起(かんき)する可能性が増える。つまり，「できる」経験は対象者の喜びなどにつながり，さらに自分で「する」行動へと結びつきやすい。このようなことが自信とな

り，他の生活行動や意欲へ結びつく可能性がある。主体的な行動の頻度が高まると，さらなる動作の自立度を高める効果も生まれる。一方で，このような生活の範囲の拡大は，周囲とのコミュニケーションの機会を増し，生活への意欲やさまざまな刺激を受ける機会となりやすい。このように生活範囲の拡大は，心身両面の機能向上への効果（良い循環）をもたらす。

② さらに，「その人らしい」生活の実現につなげる

生活範囲の拡大を効果的に行うには，対象者の状況に適した支援が重要となる。支援によって生活範囲の拡大が図られても，無理な目標は，かえって意欲の低下を招くことになるかもしれない。対象者の状況をよく把握し，対象者のペースとタイミングのあった支援がポイントとなる。生活上のささいな出来事をスパイラル的に拡大することができれば，それによって「その人らしい」生活の実現へ結びつけられる可能性が生まれる。

3　ICFによるアセスメント

障害モデルであるICIDH*の時代より環境に対する支援は重要視されていたが，ICFにおいては，環境因子（environmental factors）と個人因子（personal factors）がはっきりした概念としてさらに認識されるようになっている。対象者の生活する環境がどのような状況にあるかのアセスメントは欠かすことができない。アセスメントの内容は，人的因子と物理因子に分けることができる。

① **人的因子**

介護の中心となる人的状況を示す。介護者の年齢や性別などである。介護に参加できる可能性のあるようなマンパワーはすべて含まれる。例えば，普段，日中の介護者は配偶者しかいない場合でも，入浴時間帯には息子や孫などのマンパワーが期待できる場合がある。また，訪問など各種の利用できるサービスがある場合などは，それらも人的因子に含まれる。

---

*　ICIDH（International Classification of Impairments, Disabilities and Handicaps）：国際障害分類

② 物理因子（表）

多くは，生活する家屋や周辺の状況を指す。

表2-1　環境アセスメント（物理因子）

1．家屋の種別	持ち家の有無。アパートなどの賃貸。公団住宅や賃貸のマンションやアパートでは，手すりの設置などの建物に修正を加えたり，建物の構造を変えるような改修は困難と考えたほうが良い。
2．立地条件	坂の多い地区に位置している場合や斜面に立地している場合。また，家屋の周囲の道路との関係。
3．家屋の構造	段差の有無。出入り口の形態。居室からトイレや浴室への移動経路の状況（廊下の幅や長さ）など。

4　安全で心地良い生活の場づくり

　安全で心地良い生活の場づくりは，前述の居住空間の役割に配慮し，介護度に応じて行われる。ここでは，多くの事例に共通する住宅改修の観点から環境支援について述べる。住宅改修は，本人の能力，介護者（家族を含む）の能力，住居関連条件，経済的状態などを考慮し，本人及び家族のニーズをもとに個別にプランニングされる。

(1)　段差の解消

　わが国の日本建築では，湿度から住居を守るために，敷地から床が高く持ち上げられ建てられている。さらに，道路と敷地の間には，水害への対策上，段差が設けられている。建築基準法では原則として直下の地面より450mm以上高くするように定められている。

　屋内においても，和室にはすきま風を防ぐ目的で敷居が設けてある。また，トイレや浴室の出入り口には，水切りのための段差が設けられていることが多い。歩行などの移動能力が低下した場合，これらの段差がバリアとなりやすい。まず，これらの段差について検討することが必要である。

(2)　手すりの設置

　手すりは動作を補助し，安全を確保する目的で設置される。設置する場所，

目的に応じ，設置の仕方に違いがある。動作面から身体の平行移動と上下移動の2種類に大別される。

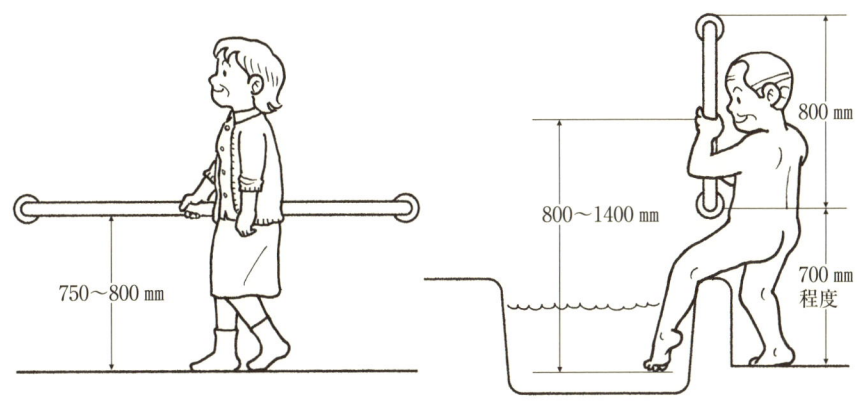

図2-1　手すりの種類

　横手すりは，階段や廊下に設置する場合で，床面や階段の勾配(こうばい)に対して平行に設置する。取り付け位置の高さは，床面より750〜800mmを標準とする。杖歩行の対象者などでは，使用している杖の長さを基準にすると良い。
　縦手すりは，移乗(いじょう)や立ち上がりの補助に設置する場合で，トイレや浴室に設置することが多い。設置位置は，床面に垂直に設置し，下端は床面より700mm程度，上端は肩の上方100mmの高さを目安にする。その長さは概(おおむ)ね800mm程度になる。トイレや浴室では，平行移動と上下移動の両方が要求される場合が多く，L字型手すりはその場合に有効である。

(3) 福祉用具の活用

　住宅改修だけで問題を解決することには限界がある。改修に要する経費的なことからも各種の福祉用具を改修場所に応じて上手に組み合わせることが重要となる。また，すぐれた福祉用具も環境因子によって効果は左右される。福祉用具の使用条件と設置環境との検討が重要になる。

5　よく行われる改修場所

在宅生活のための住宅改修指導を行った症例の状況調査〈文献(1)〉によると，最も多かった指導場所として，浴室，トイレ，玄関，寝室が挙げられた。また，対象者のほとんどがこれらの場所について何らかの改修を行っていることがわかった。

ここでは，よく行われる改修場所と改修の要件について述べる。

(1) 玄関・玄関アプローチ

玄関・玄関アプローチ（住宅外の道路から玄関までの進入路）にバリアが存在することは，対象者の行動範囲を制約する大きな要因となる。また，玄関は自宅と外界を結ぶ接点であり，閉じこもりの対策としても重要視される。

玄関・玄関アプローチの検討は，対象者の移動能力によって異なってくる。

① 歩行が可能な場合

上がり框（かまち）の段差が大きい場合には，式台を置き，1段の段差を小さくすることで昇降しやすくなる。また，壁面に手すりなどを設置し，昇降時の安定性を高める（図2-2）。また，段差を昇降しない方法としては玄関での椅子の利用が挙げられる。椅子に腰かけた状態で体の向きを変え，床から立ち上がることで上がり込む方法である（図2-3）。この場合，椅子の高さから上がり框の高さをひいた高さからの立ち上がりとなり，立ち上がり補助の手すりが必要になることが多い。

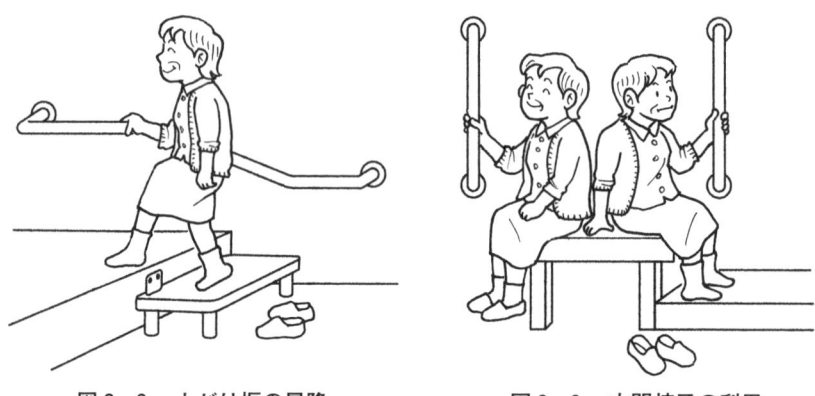

図2-2　上がり框の昇降　　　図2-3　玄関椅子の利用

② 車椅子利用の場合

　スロープの設置や段差解消機（または段差昇降機）の利用を検討する。玄関からの出入りにこだわらず、玄関以外の縁側やテラスなどからの出入りを検討するのも一つの方法である。

　車椅子によるスロープの昇降には、勾配が1／12〜1／15（高低差に対するスロープの長さが1：12〜1：15）になるように設置する。しかし、この場合、例えば高低差45cmで水平距離が5.4〜6.75mとなり、長い敷地が必要となる。玄関周りでこのようなスペースを確保できることは少なく、スロープの設置は選択できないことが多い。この点、段差解消機は約1mの高低差までの昇降が可能であり、設置スペースも最小限に抑えられることから選択される場合が増えてきている。

　また、段差解消機の価格は需要の伸びとともに購入しやすい価格に落ち着いてきており、選択しやすい用具となってきている。

　その他の方法として、簡易スロープの利用やリフト（後述、p.38参照）の利用が挙げられる。

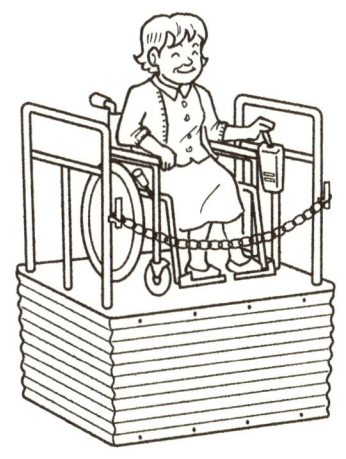

図2-4　段差解消機

(2) トイレ

　トイレは最も自立のニーズの高い場所であり、改造がよく行われる場所である。

① 便器

　洋式便器への変更、立ち上がりのための手すりの設置がよく行われる。和式便器を簡易に洋式便器に変更する「かぶせ式便器」を用いる場合は、注意が必要である。通常、便器からの立ち上がり時には前方に600mm程度のスペースが必要であり（図2-5）、かぶせ式便器を使用した場合、和式便器の

31

使用時と体の向きが逆になりドアの方を向くことになる（図2-5）。

その結果，頭部を十分前に出すスペースが確保できないことになり，立ち上がりに支障が出ることが多い。このような場合も含めて，立ち上がり補助には縦手すりを用いる。縦手すりの設置位置は，便器の先端から300mm程度前方にすると良い（図2-6）。

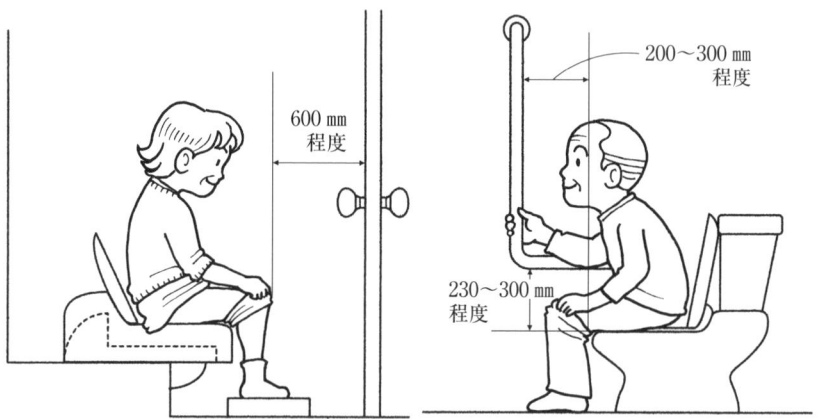

図2-5　かぶせ式便器による洋式化　　図2-6　便器における手すりの設置

② トイレのドア

内開きのドアは注意が必要である。トイレ内で転倒し，ドアの開閉の障害となった場合，ドアを開けられなくなるからである。外開き戸では，廊下が狭い場合など，通行スペースに支障が出る。この点，引き戸が最も良い選択となるが，戸を収納する壁面があることが条件になる。アコーディオンカーテンを選択する場合は，たたんだ際のカーテンの幅の分，間口の有効幅が小さくなることを考慮しておく。また，下部に隙間ができることも考えておく必要がある。

③ その他

トイレの出入り口には敷居（しきい）などの段差が設けられていることが多い。また，内部の床面はタイルなどで仕上げられている。段差をなくす場合は，敷居を除いた後，内部も廊下と同じ材質の床に仕上げると良い。

新築やトイレを増築する場合には，トイレを寝室の近くに設置することが

望ましい。夜間の排尿には，事故防止の見地から，ポータブルトイレや安楽尿器などの福祉用具の併用も考える。

(3) 浴室

入浴も排泄と同様，介護負担が大きく，浴室は改造のニーズが高い場所である。浴室で検討が必要になるのは，出入り口の段差，ドア，洗い場の広さと床材，浴槽の大きさと埋め込みの程度（洗い場からの高さ），動作に合わせた手すりの設置方法などである。

① 出入り口の段差

出入り口の段差をすのこ板で解消する場合，注意が必要である。すのこ板による洗い場の底上げの結果，浴槽の高さは相対的に低くなる。腰かけた姿勢から浴槽に出入りする場合（図2-7），低くなりすぎると立ち上がりに支障が出る可能性がある。浴槽の高さが400mmより低くなる場合には，立ち上がりを補助する手すりの設置で対応する。

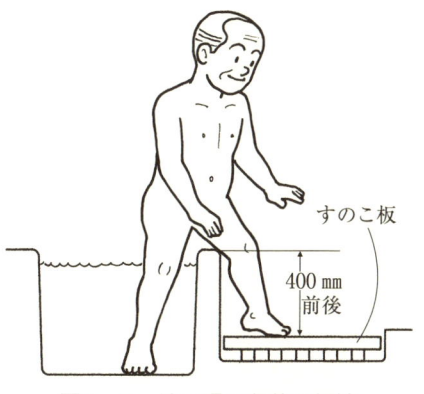

図2-7　洗い場の段差の解消

② 洗い場と浴槽の段差

立位で浴槽をまたぐ場合は，洗い場と浴槽の底との高さの差が大きいとバランスを崩しやすいため（図2-8），手すりの設置を考える。浴槽の端に取り付けられる簡易手すりも活用する。

浴槽をまたぐことが困難な場合は，腰かけスペースを設け，一旦腰かけた姿勢から浴槽に出入りする。

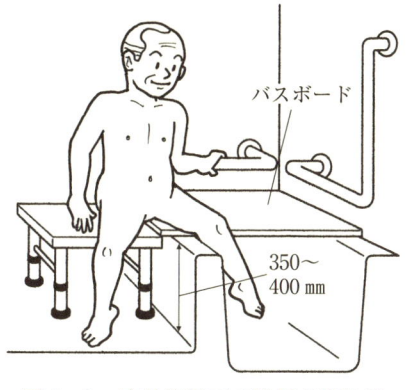

図2-8　座位姿勢での浴槽の出入り

腰かけスペースには、バスボードやシャワー椅子などを利用する。座位姿勢での浴槽の出入りには、浴槽の高さが350～400mm程度あるほうが良い。

③ 浴室のドア

内開き戸は、内部への開閉の分、洗い場のスペースがとられ、出入り口への移動やシャワー椅子の利用が困難になる。その点、中折れ戸は、洗い場スペースの占有が少なくてすむ。また、車椅子やシャワーキャリーなどの通過のために十分な有効幅を必要とする場合は、3枚引き戸を選択する。

段差のない出入り口を作る場合、水切りの排水溝（グレーチング）を作ることが必要である。

④ 浴室の手すり

浴室の手すりは、①浴槽の出入り、②浴槽からの立ち上がり、③浴室内での移動、④出入り口の段差の移動など、それぞれの目的に応じた設置が必要になる（図2-9）。ユニットバスの場合、建築後の手すり取り付けが困難なことが多いが、壁面の裏側の補強によって可能な場合もある。最近はユニットによっては、あらかじめ手すりの設置をオプションで考えられた商品もある。

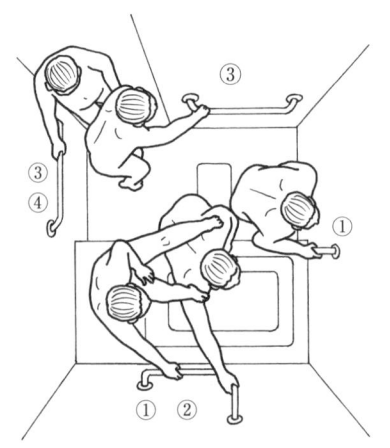

図2-9　浴室内の手すりの設置

⑤ その他の福祉用具

シャワー椅子が最も多く利用されている。洗体以外にも浴槽の出入りのための座位スペースとして利用できる。また、その他の用具では、バスボードや入浴台も座位スペースの確保として利用できる。

車輪のついたタイプのシャワー椅

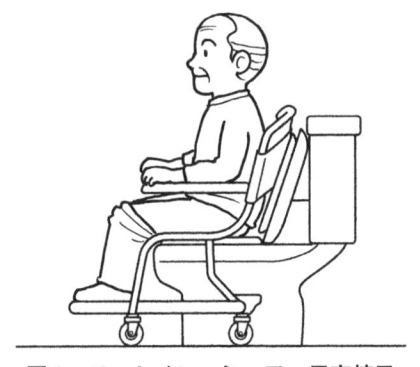

図2-10　トイレ・シャワー用車椅子

第 2 章　自立に向けた居住環境の整備

子（シャワーキャリー）では，移動用具としての活用も可能である。このタイプのシャワー椅子の中には，後部より洋式便器に進入できるように設計されたもの（トイレ・シャワー用車椅子）もあり，トイレでの使用が可能である。このシャワー椅子を利用すると，便器への移乗介助を省略することができるため，介護負担の軽減に効果がある。

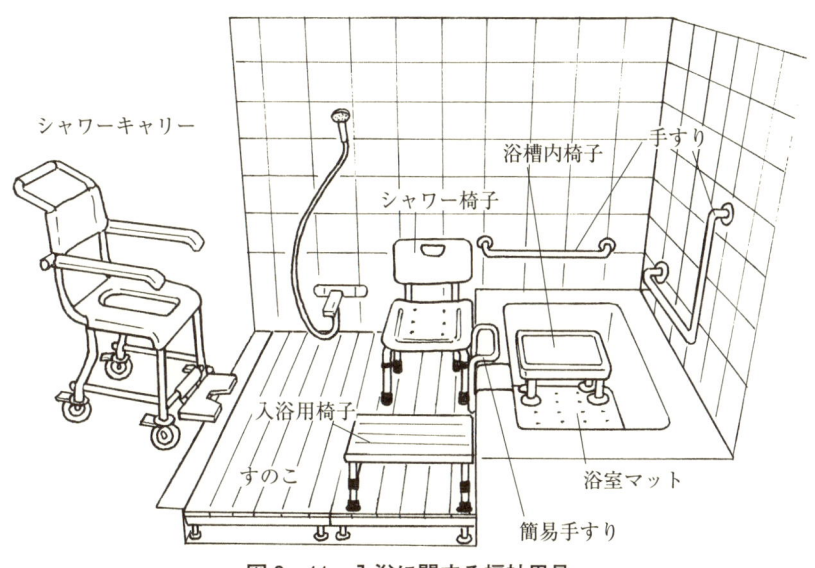

図2-11　入浴に関する福祉用具

(4) 居室・寝室

① 床面

　ベッドや車椅子の利用に伴い，畳敷きから板間への変更が必要になる。畳や絨毯(じゅうたん)は，車椅子のタイヤとの間に大きな摩擦を生じ，介護者の負担になりやすい。また，絨毯のしわは，転倒の原因にもなりやすく危険である。

　歩行の場合は，床面が滑(すべ)りにくく，クッション性の高いカーペットなどを選択する。車椅子で移動する場合は，板張り仕上げ（フローリング），コルク床仕上げなどが適している。歩行可能な対象者でフローリングにする場合は，防音床材を選択すると衝撃吸収性が高く，転倒の際の骨折予防にも効果

がある。

② 段差

敷居などの段差の解消方法として断面が三角形のくさびやミニスロープが利用される。これは，車椅子などの移動には効果的だが，下肢装具（か し）での歩行などの場合には注意を要する。傾いた床面上の移動ではかえってバランスを崩しやすく（図2-12），危険な場合がある。小さな段差であっても，つまずきやすく危険なため，段差の幅を足幅程度に広げ，段の上にいったん乗り上げて通過する（図2-13）のも一つの方法である。

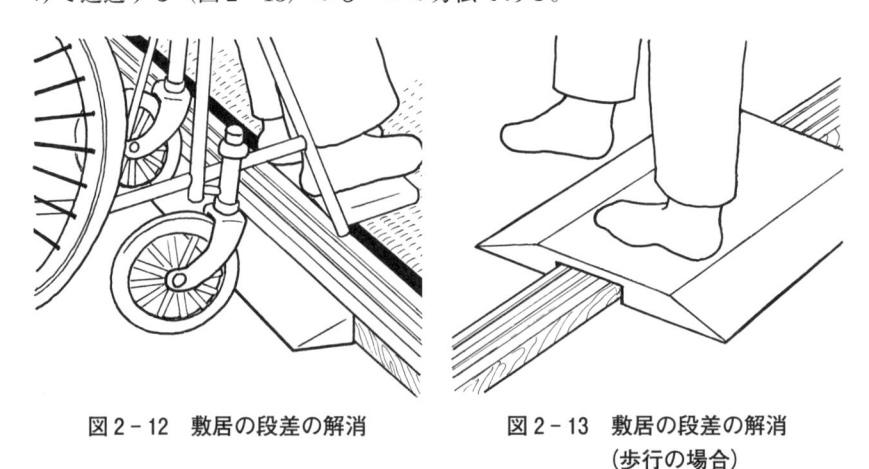

図2-12 敷居の段差の解消　　　図2-13 敷居の段差の解消
　　　　　　　　　　　　　　　　　　　（歩行の場合）

③ ベッド（寝具）の選定

ベッドの導入は快適な介護生活を送るうえでポイントとなる。布団などの寝具では床からの立ち上がり動作の負担が大きく，介護の負担も大きい。

選択においては，①寝心地の快適さ，②寝具から離れるための支援機能，③介護者の使いやすさの3つの視点で考える。マットレスの選択は快適な睡眠に重要であるが，柔らかさによっては寝返りなどの動作を妨げる可能性があり注意を要する。電動ベッドは，背上げの機能を起き上がり補助として活用でき，高さ調整機能は介護動作の負担軽減に役立つ。特におむつ交換などの介護者の腰への負担を回避できる。寝具から離れるための支援機能としては，次に述べる移動・移乗支援用具を装備したものがある。

第2章 自立に向けた居住環境の整備

④ ベッド周りの福祉用具

ベッドからの移乗を補助する用具を対象者の能力に応じて適応すると効果的である。

移動用バーは，ベッドフレームに固定でき，角度も用途によって変えることができる。移乗の際の手すりとして使用でき，移乗能力の低い対象者にも活用次第で移乗の自立に結びつけることができる。

特に夜間の排尿時など，ポータブルトイレとの組み合わせによって，自力排尿が可能になる場合もある。

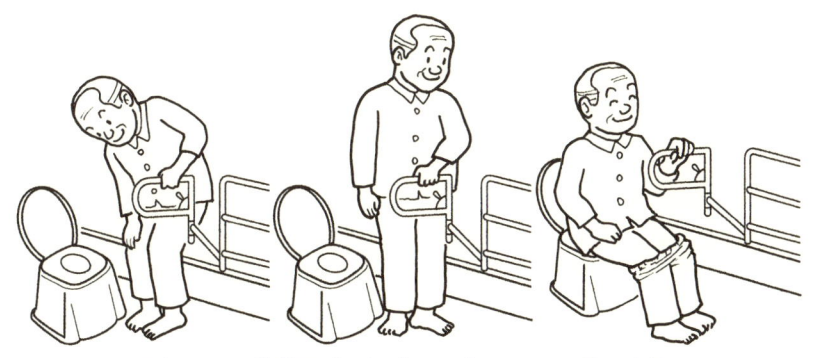

図2-14 移動用バーとポータブルトイレの使用方法

また，トランスファーボードは移乗介助の負担軽減に効果的である。使用にあたっては，車椅子のアームレストの取り外しできるタイプに限られるため，使用においては車椅子の選定に注意を要する。

⑤ コミュニケーション

寝室が他の家族の部屋と離れている場合などには，コミュニケーション上の工夫としてコミュニケーション用具の利用も必要になる。家族を

図2-15 トランスファーボード

緊急に呼ばないといけないような場合，また逆に家族が他の部屋にいても対象者の様子をある程度確認できるようにしたい場合などに効果的である。

　用具としては，インターホンや緊急呼び出しコールなどがあり，信号を伝える方式や配線方法によって選択する。家庭用のコンセントを利用して信号を伝えるタイプや無線電波方式によるタイプは，配線工事がいらないため，設置が容易である。

　これらの用具を工夫することによって対象者の不安の軽減につながり，介護者の負担も少なくなる。

　⑥　リフト（リフター，ホイスト）

　対象者が重度の障害を持ち，介護負担が大きいと考えられる場合などは，移乗介助用具としてリフトの活用を検討する。リフトはリフター，ホイストとも呼ばれ，いくつかの種類に大別される。いずれも，アームから下がった吊り具（スリングシート）に対象者が乗り，電動または手動で昇降・走行し移乗させる用具である。

　設置状態や機能の特徴によって数種類に分類される（リフト選択にあたっては〈参考文献(13)〉を参照のこと）。

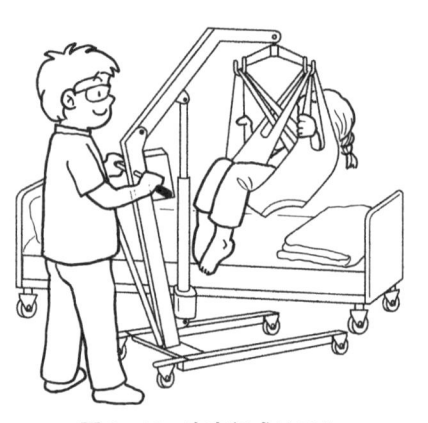

図2-16　床走行式リフト

6　ユニバーサル・デザインとしての町づくり

(1)　バリアフリーからユニバーサル・デザインへの町づくり

　高齢者や障害を持った対象者が，住み慣れた地域で生き生きと暮らし続けるには，居住空間だけでなく町全体への配慮が不可欠である。バリアフリーという言葉は，今日では一般的に使われるようになった。これは障害を持つ

人の行動を妨げる障壁（バリア）を取り除くという考え方である。

例えば，車椅子利用者には段差が障壁とならないようにスロープを設けたり，移動に補助が必要な人向けに手すりを設置したりすることを指す。駅，道路，公共施設や集合住宅のバリアフリー化も福祉の町づくりの一環である。高齢化社会の到来を受けて，一般住宅にもバリアフリーの考えを導入した住宅が導入されてきている。

バリアフリーの考え方は，ハンディを持つ特定の人々へ配慮することを指しているが，現在ではさらに特定の人々に限らず，不特定多数の人々に配慮する考え方で町づくりを考える方向へと発展している。これは，障害を持つ人や高齢者への配慮が健常者にも有益であるとする考え方で，ユニバーサル・デザインといわれている。ユニバーサル・デザインは，特定の人を対象にするのではなく，性別，年齢，能力の有無にかかわらず誰もが利用できる建築や道具などの設計を目指すデザインの哲学のことをいう。今後もすべての人々が住みやすい町づくりの考えに基づいて整備されていくことになる。

(2) 共同生活施設などにおける空間づくり

高齢者が利用する老人ホームなどの利用施設においても暮らしやすい空間づくりの工夫がなされている。バリアフリーなどの動作の負担を軽減する工夫はもちろんのことであるが精神面での快適さを考えた工夫も考えられている。

入所施設においても，それまでの居宅生活ができるだけ継続して行われるように工夫すべきである。利用者がなじんだ家具や日用品は施設においても利用されることが望ましい。また利用者の生活習慣も可能な限り尊重されるべきであろう。

最近，高齢者ケア施設においてはユニットケア型の施設整備がすすめられている。ユニットケアは，居宅に近い居住環境の下で，居宅における生活に近い日常の生活の中でケアを行うことを基本としている。施設の居室(個室)を10～12人程度のグループに分け，それぞれを一つのユニット（生活単位）とし，少人数の家庭的な雰囲気の中で生活をともにしながら個別にケアすることを目的としている。居室の個室化はプライバシーの確保のためには必要

だが，他の入所者とのコミュニティの形成にはマイナスとなる。この点，ユニットケアでは，ユニットごとに共有空間を設けており，食事や行事などを行う交流空間も確保されている。個性や生活のリズムを保つための個室と，他の入居者との人間関係を築くための共同生活空間という空間配置により，他者との人間関係を築きながら個別の日常生活を営むことを実現している。

（山形力生）

参考文献

(1) 山形力生他「当センターにおける家屋改造指導状況について」『第12回奈良県公衆衛生学会抄録集』1992年，33頁。
(2) 山形力生他「住宅改造指導後のADL状況調査」『第12回奈良県公衆衛生学会抄録集』1992年，34頁。
(3) 市川洌他編『ケアマネジメントのための福祉用具アセスメント・マニュアル』中央法規出版，1999年。
(4) 市川洌他編『ホイストを活かす吊具の選び方・使い方』三輪書店，1996年。
(5) テクノエイド協会編『福祉用具プランナーテキスト 住宅改造』三菱総合研究所，1997年。
(6) 長寿社会開発センター編『ホームヘルパー養成研修テキスト第2巻 利用者の理解・介護の知識と方法』第一法規出版，2002年。
(7) 訪問介護員養成研修2級課程テキスト編集委員会編『ホームヘルパー2級テキスト 住宅・福祉用具に関する知識』労務行政，2005年。
(8) 保健福祉広報協会『福祉機器選び方・使い方』国際福祉機器展 H.C.R.2005，2005年。
(9) TOTOカタログ「バリアフリーブック 住まいの水まわり編」東陶機器，2006年。
(10) TOTOカタログ「リモデル読本（シルバー編）」東陶機器，1994年。
(11) 矢崎イレクターカタログ「福祉用具総合カタログ vol.8」矢崎化工，2006年。
(12) パラマウントベッド「在宅ケアがわかる本―その人らしい暮らしの実現に向けて」パラマウントベッド株式会社，2007年。
(13) 守本とも子・星野政明編著『介護概論』黎明書房，2006年，218-221頁。

第3章 自立に向けた身じたくの介護

人間が社会生活を送る中で身だしなみを整えることはとても重要である。それは対象者の自分らしさの表現であり、生活に張りを与えるものである。本章では、身じたくをすることの意義と対象者の個別性を考慮した身じたくへの援助方法について学ぶ。対象者の生活に潤いを与え、生きる意欲を引き出す援助を対象者の好みや「その人らしさ」を生かしながら援助する過程は、対象者と介護者の良好な関係を築く最も良い機会でもある。

1　身じたくの意義と目的

(1)　身じたくとは何か

　広辞苑によると、身じたくとは「身なりをつくろい整えること。みごしらえ」であり、身なりとは「衣服をつけた姿。装い」とある。さらに、装いとは「外観や身なりなどを美しく飾り整えること」である。
　私たちが外出する時には、歯磨きや洗顔を行い頭髪を整える。次いで女性は化粧を行い、男性はひげを整え、外出先でのT（Time：時間）P（Place：場所）O（Occasion：場合）に応じた洋服や靴などを選択し、着替えをして、靴を履いて外出する。アクセサリーや帽子などを身につけることもある。
　つまり、ここで述べる身じたくとは、衣服をきちんと身につけて頭髪などの外観を整え、場に応じた装い（身だしなみ）を行うことであり、このような一連の行動を指す。

(2) 身じたくの目的

人は,衣服や頭髪などで自分らしさを演出する。そして,その行為を通して楽しみや喜びを感じる。また,衣服などを身にまとうことで体温を調節したり,歯磨きや洗顔などを行うことで清潔を保ち,感染を予防している。

このように,身じたくには,①社会の中での自己表現と,②身体機能の調節と健康管理という2つの目的がある。

2 身じたくにおける自立に向けた援助

(1) 身じたくの介護の基本

身じたくは,私たちが毎日行っている行為そのものである。そして,それはその人の意思が強く反映されるものであり,その人の心のありようや社会とのかかわりによって異なる。

例えば,運動麻痺や意識障害が起こると,「動きたくない」「誰とも会いたくない」という思いを持つことがある。行動範囲が狭まったり,交際が減ると,身じたくへの関心が薄れてしまい,化粧やひげを剃るという行為を「面倒だ」とか,乱れた頭髪を「そのままでもいい」と,それらの行為を省略してしまうことにつながる。さらに,身じたくへの関心が薄れると,ますます行動範囲が狭まり,交際も減るという悪循環を招く。

介護とは,対象者の自分ではできない部分を支援し生活の質を向上させること,かつ,その人らしい生活を支援していくことである。できない部分をいかにすればできる方向へ変えられるかを考慮して,対象者の自立を促すよう支援していく介護のあり方が重要である。

そのために,介護者は対象者自身の能力やニーズに関する情報収集を行い,アセスメントを行ったうえで介護しなければならない。そして,対象者が主体的に身だしなみを整えることができるよう,対象者のやる気を引き出すようなかかわりや,対象者の人格を尊重したかかわりが必要であることを忘れ

てはならない。

(2) ICF（国際生活機能分類）に基づいたアセスメント
　　　　　　　　　　（p.21「3　ICFモデルの考え方」参照）

以下に，ICFに基づいたアセスメントの視点を示す。

① **健康状態**
② **心身機能・身体構造**
- 体調はどうか：顔色，表情，体温，血圧，脈拍，めまい，気分不良など
- 麻痺・拘縮はないか：有無，部位，程度
- 皮膚の状態はどうか：傷・発疹・発赤・かゆみ・発汗などの有無，程度
- 視覚・聴覚：視覚障害・聴覚障害の有無，程度
- 姿勢保持の状態：立位，座位の状態
- 痛みはないか：有無，部位，程度
- 認知状態：理解力，記銘力，意欲，失行・失認などの有無と程度
- 意識状態：せん妄，意識混濁などの有無と程度

③ **活動**
- 衣服などは自分で適切に選択しているか
- 衣服などの準備や管理は適切にできるか
- ADLの状態はどうか

④ **参加**
- 家族内での役割：以前，現在
- 友人関係の中での役割：以前，現在
- 地域社会での役割：以前，現在
- 趣味：以前，現在

⑤ **環境因子**
- 衣服は適切か：着やすいか，ボタンの大きさ，生地の種類やデザイン
- 靴は適切か：履きやすいか，安全に歩けるか，生地の種類やデザイン
- 道具は適切か：使用しやすいか
- 置き場所：取り出しやすいか
- 購入方法：自分で購入しているか，他者が購入しているか

⑥ 個人因子
・性別，年齢，性格，教育歴，職業，価値観，過去の経験など

(3) 事例検討

> Aさん（82歳女性，要介護1）は，4年前に夫が亡くなって以来一人暮らしである。歩いて5分のところに教員をしている娘とその家族が住んでいる。詩吟や大正琴などに通い自立した生活を送っていたが，3ヵ月前に脳梗塞を発症し左半身麻痺が残った。現在，家の中では伝い歩きで何とか移動している。椅子に座ることは可能であるが，やや左側へ傾く傾向にあり，足もとに転がったものを取ろうとしてバランスを崩し転んだことがある。更衣動作は時間がかかるため，促さなければいつも同じものを着ている。外出もほとんどしない。

【ICFに基づいたアセスメント】
① 健康状態：脳梗塞後遺症
② 心身機能・身体構造
　左半身麻痺のため左上下肢の随意性は低下し，自由に動かすことができない。右上下肢は自由に動かすことができる。更衣に時間がかかるため，意欲が低下している。
③ 活動
　姿勢を保持する能力が低下しており，左側に身体が傾いてしまうが椅子に座ることはできる。左半身麻痺のため更衣をする時に左手で洋服をつかむことができない。更衣動作は自分で行うには時間がかかる。
④ 参加
　発病前は，詩吟や大正琴などに通っていた。現在は，いつも同じ洋服を着ていることが多く，促さなければ更衣しない。また，外出もほとんどしない。
⑤ 環境因子
　一人暮らしである。歩いて5分のところに娘家族が住んでいる。娘は仕事のため平日の日中は訪問できない。
⑥ 個人因子

82歳。発病後，おしゃれや外出への意欲低下がみられる。

【Aさんへのアプローチ】

　Aさんは身じたくへの意欲の低下がみられ，外出への意欲も低下している。そこで，意欲の向上，社会参加を目標として介護していくことが大切である。

　① 心身機能・身体機能へのアプローチ
・関節可動域を維持し筋力低下を予防するために左上下肢の運動を行う。
・椅子での座位姿勢を整えるため体幹の筋力を強くする。

　② 活動へのアプローチ
・座位姿勢を保持する練習及び更衣動作の練習を行う。
・更衣しやすい衣服を選択する。
・更衣しやすいように衣服を工夫する。

　③ 参加へのアプローチ
・自分の好みの洋服を自分で選択する。
・鏡に映った自分の姿を見て，変化する自分を確認してもらう。
・外出のプログラムを立てることにより，身じたくへの意欲が向上することが考えられる。

3　生活習慣と装いの楽しみを支える介護

　いつまでも美しくありたいという思いは，老若男女のすべてが本来持っている。化粧をしたり，きれいな衣服を着るだけでとても晴れやかな気持ちになる。他人から褒められれば嬉しくなり，もっと美しくなりたいと思う。

　ところが，対象者の化粧や衣服などのおしゃれは，行事の時やボランティアが来た時にだけということがほとんどであり，一過性の支援になっているのが現状である。身じたくは私たちが毎日行っている行為である。髪型を整えたり，化粧をしたり，外出時の洋服を選ぶことは当たり前のように毎日行っている。高齢になっても，障害があってもこのような生活スタイルは継続されるべきである。

　身じたくは，心身に爽快感をもたらすとともに，人間にとって自尊心にも

つながる行為である。

　生活の中におしゃれを取り入れることは，対象者にとって過去の生活習慣を取り戻すことになる。鏡の前で髪をとかしたり化粧をすることで，自分への関心を徐々に取り戻し，生き生きとした豊かな感情を表すようになる。そして，外へ目を向けるようになり，散歩したり外出したりと社会との接触を広げていくことにもつながる。したがって，おしゃれを生活習慣の一部と捉(とら)えて支えていくことがこれからの介護に求められる。

4　衣生活(いせいかつ)・整容行動(せいようこうどう)の介護の方法

(1)　衣生活の介護

①　衣生活の意義と目的

　衣服には次の5つの目的がある。
・体温調整を行う　・皮膚を清潔に保つ　・外界の刺激から身体を守る
・装飾審美上及び社交　・道徳儀礼上の役割

　人は衣服を身につけなければ，28～32℃という狭い温度域でしか快適に過ごすことができない。衣服は衣服内環境を整え，防寒・防暑により体温調整を行い，人が活動できる温度域を広げ自然環境への適応を促している。なお快適な衣服内環境の範囲は，温度 32 ± 1℃，湿度 50 ± 1%〈文献(1)〉である。

　さらに，人は人体から出る汗，皮脂，皮膚老化物（垢(あか)），排泄物(はいせつぶつ)，血液などの内面からの汚れや，ほこりなどによる外面からの汚れも受けやすい。衣服はこれらの汚れを吸収し，皮膚を清潔に保つ役割をも持っている。

　人は活動内容によっても衣服を選択する。農作業では害虫から身を守るために帽子や手袋を着用し，肌の露出の少ない衣服を選択するであろう。また，放射線から身を守る放射能防護服や消防士の防火服なども光線や熱線等の刺激から身を守り安全性を確保している。人は社会の中で生活している。衣服はその人の趣味，好み，個性を表現しており，美しく着飾り装飾審美性上の働きがある。また，制服のように所属や職業を表す役割や，冠婚葬祭(かんこんそうさい)のよう

な社交儀礼は礼節を保つという役割を持っている。

このように人が衣服を身につけて生活を行うことには，人体機能の調節と健康管理，社会の中における自己主張の表現という2つの目的を持っている。

② **生活場面，身体状況に応じた衣類**

介護の基本は「その人らしさ」を尊重することである。対象者が楽しく生き生きとした気分で生活を送ることができるように，対象者の好みや身体状況も考慮しながら生活場面に合った衣服を選択することが望ましい。

1) 衣類選択のポイント
(i) 好ましい素材
・肌触りの良い物
・皮膚を刺激しない物
・保温性のある物（表3-1）
・吸湿性・通気性にすぐれた物
・型崩れしにくく洗濯に耐える物
・伸縮性のある物（着脱が容易）

衣服地の含気量が多いほど保温性は良い。衣服の色と熱吸収性との関係（表3-2）では，黒色がもっとも大きく，白色や黄色は小さい。吸湿率は絹が最も良く，綿がこれに次ぎビニロンやナイロンなどの合成繊維は不良である。また，吸湿性の良い素材は汚染性が大きい。

被服材料	含気率(％)	被服材料	含気率(％)
厚織麻布	53.4	フェルト	79.2
厚織綿布	57.7	綿ネル	80.4
厚地雲斉（綿）	61.3	厚地毛メリヤス	86.4
ラシャ冬服地（毛）	76.7	ウサギ毛皮	97.0
毛布	78.4		

表3-1　各種被服材料の含気率

衣服の色	吸収率
白色	100
黄色	165
青色	177
灰色	188
緑色	194
桃色	194
赤色	207
紫色	226
黒色	250

表3-2　衣服の色と熱吸収率

出典：米田幸雄他『新衣服の科学』東山書房，2000年。

綿は皮膚の分泌する水分や脂肪，ほこりなどをよく吸着するので衛生的であり，洗濯にもよく耐える。肌着に綿がよく用いられているのはこのような理由による。汗などで湿潤したものは保温性が低下する。そのため，毎日清潔で乾燥したものを着用しなければ，素材を十分いかせなくなってしまう。

(ii) 好ましいデザイン
・ゆとりがあって動きやすい物
・ウエストや袖口を締めつけない物

- ボタンのかけ外しが容易な物(大きめのボタンなど)
- 着脱しやすい物(マジックテープなどの利用)
- 明るい色合いや柄物(がらもの)など,対象者の好みに合った物

2) 対象者の身体状況に合った衣服選択のポイント

　寝たきりの状態なのか座位が可能なのか,身体のどの部分に障害があるのか,認知症があるのかなど,身体状況や日常生活の自立度に応じた衣服の選択や工夫が必要である。しかし,その場合にも,その人らしさを尊重し,対象者の好みを尊重しなくてはならない。

(i) 臥床(がしょう)時間が多い人

　臥床時間が多い人の場合には,半身ずつ交換ができ,着脱しやすい着物式が適している。寝たきり状態でも座位姿勢になったり車椅子へ移乗したりすることが多い場合には,かぶり式の上衣(じょうい)にウエストがゴムになった下衣(かい)(上下に分かれている衣類)が適している。

(ii) 動作の多い人

　上衣と下衣に分かれている衣類が適している。前開きボタン式の上衣は,寝た状態でも着脱が容易なうえ,麻痺がある場合でも負担が少ない。下半身に麻痺がある場合には,股割れ(また)式ズボンや下着にすると排泄が容易である。

(iii) その他の衣服の工夫

　身体状況や日常生活の自立度,介護負担の軽減を考慮した衣服や自助具が開発されている。

● 下着類(肌着・ショーツ・パンツ):無理のない姿勢で着替えられるようにデザインされている(マジックテープやホック式)。

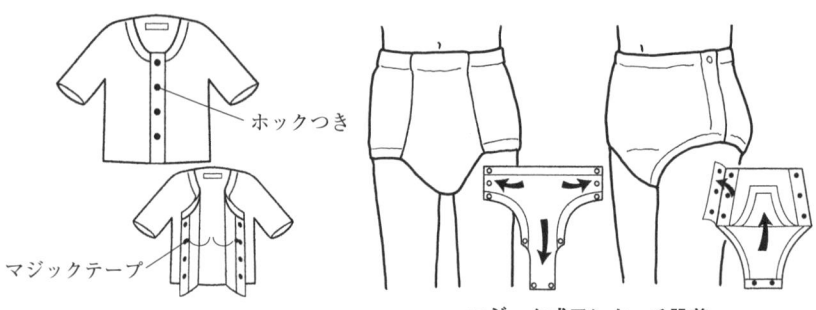

マジック式ワンタッチ肌着

第３章　自立に向けた身じたくの介護

- 靴：足への負担を軽減する軽量のもの。地面をしっかり捉えるゴム底が滑りにくい。
- 自助具の種類

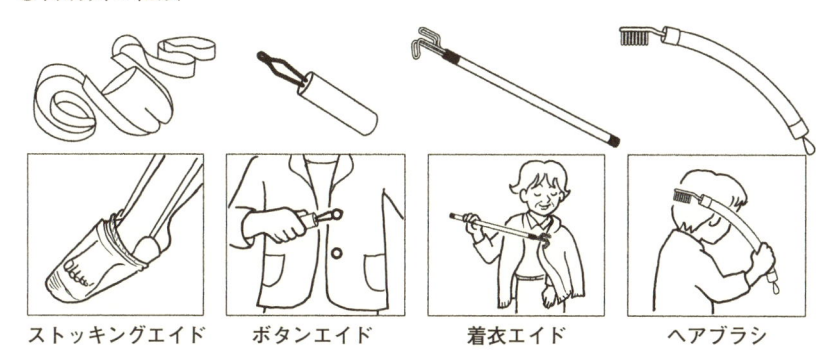

ストッキングエイド　　ボタンエイド　　着衣エイド　　ヘアブラシ

③ 衣服着脱介護の実際

1) 衣服着脱介護を行う際の留意点

- 対象者の意思を確認し，衣服を選択する（対象者とともに行うと良い）。
- 着替えることを対象者に説明し了解を得る。
- 室温を調整（22～24℃）し，寒い時期には衣服や介護者の手を温めるなどの配慮をする。
- 排泄の有無を確認する。
- 皮膚を観察する。皮膚が汚れていたら清潔にしてから行う。
- 羞恥心に配慮する。
- 臥床状態にある対象者や体調が悪い対象者はベッド上で着替えを行う。
- 高齢者や麻痺がある対象者は椅子などに座って行うと良い（下肢への負担が少なく姿勢が安定する。床に足をきちんとつけ，座位の安定を図る）。
- 頸椎・脊髄損傷など体幹が不安定な場合は，壁などを背もたれにして行う。

2) 介助が必要な片麻痺のある人（関節拘縮などがある人）の着替え

　片麻痺や関節に拘縮などがある人は，良いほう（健側）から脱がせ，麻痺や関節拘縮のある側（患側）から着せる「脱健着患」が原則である。

【ベッド上での着替え（和式寝巻き）】

(i) 介護者は，健側に立ち介護する。

(ⅱ) 寝巻きを少し引っ張って緩みをもたせ，健側の腕から脱がせる（肩を外し，肘を支えながら袖を脱がす）。脱いだ寝巻きは内側に丸めて背中の下へ巻き入れる。

(ⅲ) 健側を下にして横向きになってもらい，巻き込んだ寝巻きを引き出し麻痺側の寝巻きを脱がせる。介護者の腕全体で麻痺側の腕を支えながら肘を手で支える（p.53参照）。

(ⅳ) 新しい寝巻きを麻痺側の手，肘，肩の順に着せる。麻痺側の腕を介護者の腕全体で支えるように行う。麻痺側の指が引っかからないように向かい袖にして介護者が導き手をする。

(ⅴ) 袖を通したら，袖先と肩山が一直線上になるように整える。その際，麻痺側の腕をしっかり支える。背中の中央と背縫いを合わせ，しわを伸ばし，反対側の身ごろは体の下に入れる。

(ⅵ) 仰臥位に戻し，軽く麻痺側を向いてもらい，巻き込んだ寝巻きの半身を引き出す。健側の手，肘，肩の順に着せる。

(ⅶ) 襟元を合わせ，背中のしわを伸ばし全体を整える。紐は座位になった時に締まりすぎないように，緩めに結ぶ。また，紐は縦結びにならない

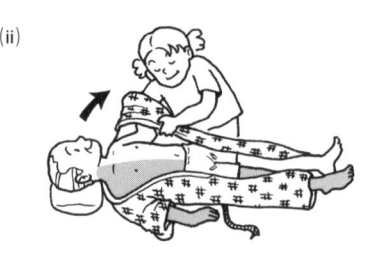

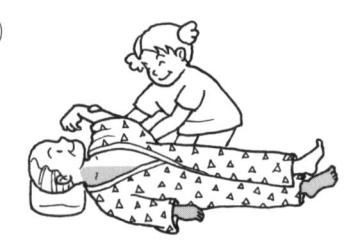

ように注意する（紐の縦結びは死亡時に限られる）。

【ベッド上での着替え（前開き上衣）】
※前開きの上衣は和式寝巻きと同様の要領で行う。

【ベッド上での着替え（下衣）】

(i) 介護者は健側へ立つ。

(ii) 健側の膝を立てて腰を浮かし膝までズボンを下げ，健側のズボンを下ろす。

(iii) 健側の足を脱ぎ，麻痺側のズボンを健側の足で外す。

(iv) ズボンを麻痺側の足に通す（できない場合は介助する）。

(v) 健側の足にズボンを通して膝を立て，腰を浮かしてズボンを引き上げる。

【座位姿勢での着替え（ボタン上衣）】

(i) 健側の腕でボタンを外し，麻痺側の衣服を肩まで下げる。

(ii) 健側の肩を脱ぎ，袖を脱ぐ。

(iii) 麻痺側の袖を健側の手で脱ぐ。

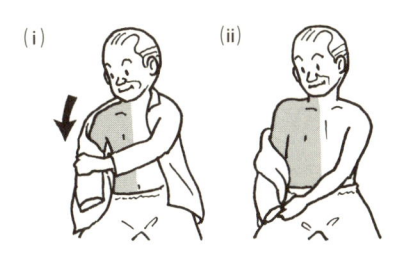

(iv) 清潔な衣服を準備し，健側で麻痺

側の袖口をたぐり寄せ，袖口に麻痺側の手を入れる。
(ⅴ) 麻痺側の袖を通し，肩まで着る。
(ⅵ) 健側の腕を通す（健側の手を後に回して，袖を引っ張って衣類を寄せ，健側の腕を通す）。
(ⅶ) 両肩を整え，ボタンをかけて全体を整える。

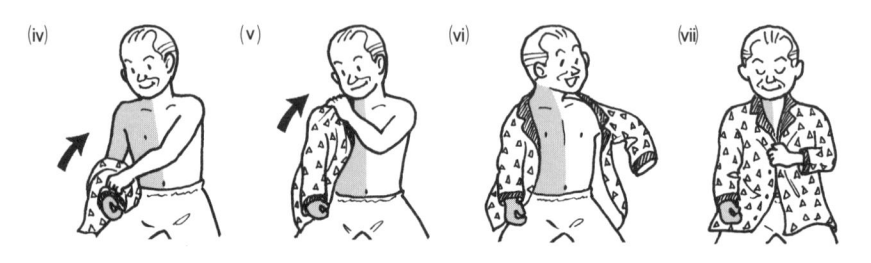

【座位姿勢での着替え（かぶり上衣：方法１）】

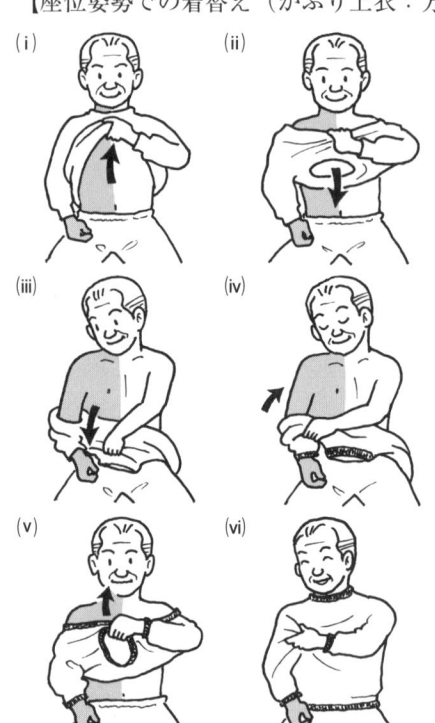

(ⅰ) 前身ごろを胸までたぐり上げる。

(ⅱ) 健側の手で衣服の後ろ襟部部分を持ち，頭を脱ぐ。

(ⅲ) 健側の肘から手先の順に袖を脱ぐ。麻痺側は健側の手で引っ張って脱ぐ。

(ⅳ) 清潔な衣服の前後を確認し麻痺側の腕を袖に通す。

(ⅴ) 健側の袖を通した後，衣服の後ろ身ごろと後ろ襟首とすそを健側で握り，頭を通す。

(ⅵ) 前身ごろと後ろ身ごろを下げ，

すそと両肩を整える。
【座位姿勢での着替え（かぶり上衣：方法2）】
(ⅰ) 健側の手で前身ごろを胸までたぐり上げ，後ろ身ごろもできるだけたぐり上げる。
(ⅱ) 脇から健側の腕を引き抜くように介助し健側の腕を脱ぐ。
(ⅲ) 首を抜いて麻痺側の肩，手を脱ぐ。
(ⅳ) 清潔な衣服の前後を確認し，麻痺側の腕を袖に通す。
(ⅴ) 頭を通す。健側の袖を通してすそを整える。
【座位姿勢での着替え（下衣）】
(ⅰ) 介護者またはテーブルなどを支えにして立ち，ズボンを下げる。
(ⅱ) 椅子に座り，健側から麻痺側の順で脱ぐ。
(ⅲ) 清潔なズボンの前後を確認し，麻痺側から通して次に健側を通す。
(ⅳ) 介護者またはテーブルなどを支えにして立ち，ズボンを上げる。
(ⅴ) ズボンのかかとを踏んでいないかを最後に確認する。
　3) 着衣失行がある人の着替え

衣服の着脱の仕方や順序がわからなくなってしまう人には，介護者が着脱の仕方を言葉で伝えたり，一緒に同じ動作を行ったり，あるいは着脱が簡単にできる衣服を選択する。

★介護時のポイント
　「麻痺側の腕の支え方」
　麻痺側の腕は関節を支え，介護者の腕に乗せて安定させると良い。

(2) 整容行動の介護

整容は，手洗いや洗面（洗顔），髪の毛を整える（整髪），ひげの手入れ，爪の手入れ，化粧をするなど，身だしなみを整える総称として捉えることができる。整容は「衛生管理」「快適性」「社会・文化的交流をするうえで相手に不快感を与えない」「自分らしさを表現する」という目的があるが，それ以外に，単調な日常生活を送っている対象者の生活リズムを整えるという目的

も持つ。

① 洗面（洗顔）

朝の洗面は，起床後に気持ち良くさっぱりとすることで快適な一日の始まりを示し，対象者の生活リズムを整える。

【方法】
1) 移動できる場合には，洗面所へ誘導して顔を洗ってもらう（自分でゆっくり行えるよう椅子に座ってもらうなど環境を整えることも大切である）。椅子へ座ることで足腰への負担が少なくなり転倒予防にもなる。
2) 対象者の手が届くところに必要物品を用意し洗面しやすい位置に置く。
3) 対象者の状態に合わせて，できるところは自分でやってもらい，できないところを介助する。
4) 膝や胸が濡れないようにタオルやビニールなどで覆う（必要時）。

② ひげの手入れ

ひげは毎日 0.5mm ぐらい伸びる。手入れをしないと不精ひげになってしまい，不健康そうな印象を与えるだけでなく，対象者自身の気分も引き立たない。電気カミソリを使ったひげ剃りを毎日の日課として習慣づけると良い。片方の手で皮膚を引っ張りながら行うと安全で剃り残しが少ない。

③ 整髪

頭髪を整えることにより気分がさっぱりし，生活にも張りが持てるようになる。特に女性はきれいになっていく自分を見ることは楽しみでもあり喜びにつながる。髪型は可能な限り対象者の希望を聞き，その人らしさを大切にすることが重要である。手入れが大変だからとショートカットにしてしまうことがあるが，決して強要してはならない。

【方法】
1) ブラシや櫛で髪を整える。髪がもつれてとかしにくい時は蒸しタオルなどで湿り気を与えたり，ヘアローションをつける（力を入れすぎて地肌を傷つけることのないように注意する）。
2) 化粧ケープやタオルなどを用いて髪が飛び散らないように配慮する。
3) 自分でブラッシングしてもらうと，肩や手の運動になって良い。

第3章　自立に向けた身じたくの介護

4）　寝たままの対象者の場合は，顔を横に向け，左右半分ずつとかしていくと良い。

④　化粧

きれいになりたいという気持ちは，年齢に関係なく誰もが持っている。介護が必要な高齢者も同様である。最近では，化粧による心理的効果や身体的効果を利用した「化粧療法」を取り入れている病院や施設も多い。

　化粧をすることで，指先を動かす，鏡の中で変化する自分を見る，心地良い感触を体感する，化粧品の香りを嗅ぐなどのあらゆる感覚を刺激するため，対象者の脳の活性化に役立つ。化粧は，リハビリを兼ねて対象者が自分で行うと効果的である。手が震える，目が悪くて見えにくいなどの対象者には，介護者が手をそえて一緒に行うと良い。

【方法】
1）　スキンケア：化粧水や乳液は，下から上へ円を描くようにつけると良い。
2）　メーク：ファンデーションの色はオークル系が良い。肌になめらかになじむパウダリーファンデーションが簡単である。シワの部分は少なめにつける。眉は年齢を増すと下がってくるので，上昇線のラインをはっきり書くと良い。頬紅は頬の一番高いところに明るめの色を薄く入れるとふっくらした印象になる。口紅は，ローズ系やピンク系の明るめの色を全体に軽く広げるようにつけると顔色がよく見える。

(3)　口腔の清潔の介護

①　口腔の清潔の意義と目的

　80歳になってもしっかりと咀嚼ができ，元気に長生きするための一つの目標として「8020運動」*がある。ところが，現実は80歳以上の高齢者に残っている歯の本数は平均して10本弱という報告がある。

　高齢になると，歯周病で歯肉が退縮して歯根面が露出するため，歯根面の虫歯が多くなるとともに，歯と歯の隙間部分も虫歯になりやすくなる。さ

---

*　8020運動：80歳になっても自分の歯を20本以上保とうという運動で1989年に提唱された。

らに,唾液の分泌低下などにより口腔内の自浄作用が低下し,舌苔が付着しやすくなる。通常,成人の唾液は1日1,000～1,500 ml であるが,高齢になると唾液の分泌が低下する。また,口腔機能の低下や感覚機能の低下により食物残渣が付着しやすくなり,口腔内環境が次第に悪化していく。麻痺がある場合は,麻痺側に食物残渣が多く付着しやすくなる。口腔内環境の悪化は気道感染の原因ともなる。気道感染の一つである肺炎は,高齢者の直接死因で高い割合を占めている。口腔の清潔により肺炎発生率は減少することが示されており,最近ではインフルエンザの予防効果も示唆されている。

　このように,口腔の清潔は,①気分を爽快にし,食欲を増進する,②口腔内を清潔にし,二次感染予防及び口腔内疾患を防ぐ,③口臭を除去する,④口腔内の自浄作用を高める,⑤生活のリズムを整えるという目的がある。そして,口元がきれいになると,外観も美しくなるという効果もある。

　② 口腔の清潔の方法

　最近では,緑茶に含まれるカテキンが細菌やウイルスなどに対する抵抗力,整腸・解毒作用を持つということで,口腔ケア時に緑茶を用いることもある。

1) 体位は座位が望ましい。寝たきりの対象者へ実施する場合は,側臥位(顔を横向き)とする。麻痺がある時は健側を上にした側臥位とし,衣服が濡れないようにタオルなどで覆う。

2) うがいを丁寧に行い,食物残渣を吐き出す(3秒以上の「ブクブク」うがいを2～3回行うことで,口腔内に付着していた食物残渣が除去される)。この際,誤嚥に気をつけながら行う。特に,麻痺などにより口腔内に水を含むことができない人の場合は,粘膜ブラシで口腔内の汚れを除去する。

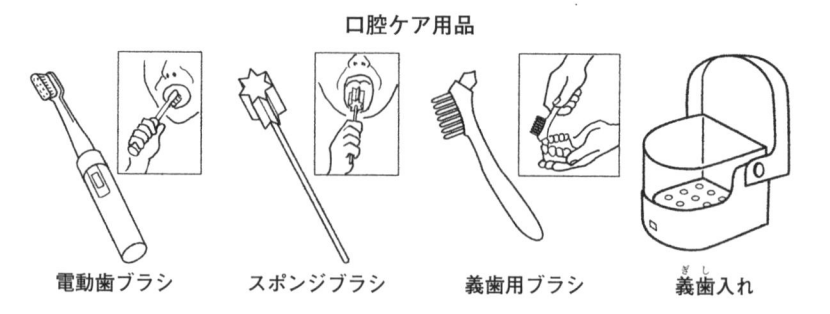

口腔ケア用品

電動歯ブラシ　　スポンジブラシ　　義歯用ブラシ　　義歯入れ

3) 自分のできる範囲で歯磨きを行ってもらう。
4) 介助が必要な場合は，介護者が歯を磨く。
5) 歯磨きの途中や終了後にもう一度うがいを行う。
6) 顔や口の周りについた水滴や汚れをきれいに拭き取る。

(4) 義歯(ぎし)の管理

① 義歯の種類

義歯の種類は大きく分けて2種類ある。歯がすべてなくなってしまった時に使用する義歯を「全部床義歯(ぜんぶしょうぎし)」または「総義歯」とも言い，一般的には総入れ歯として知られる。歯が残っている場合には，失った歯の数や場所によって多種多様な義歯となり，「部分床義歯」という。

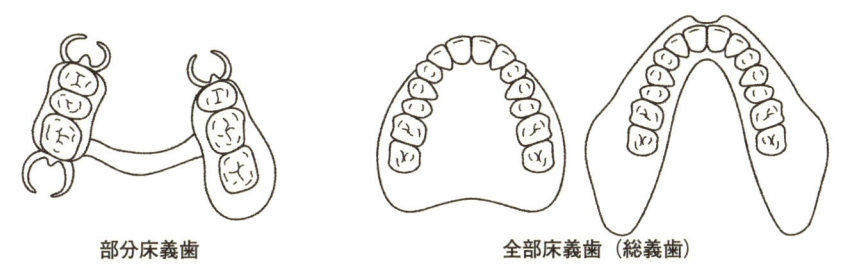

部分床義歯　　　　　　全部床義歯（総義歯）

出典：福祉士養成講座編集委員会編『新版介護福祉士養成講座13　介護技術Ⅱ』第3版，中央法規出版，2006年，96頁。

② 義歯の目的

噛(か)むという行為は脳への刺激となり，食べることへの意欲向上につながる。また，義歯を外している時のほうが誤嚥しやすく，誤嚥性肺炎のリスクが高いという報告がある。さらに，歯のない高齢者の口元にはしわが増え，いわゆる老人性顔貌(がんぼう)になってしまう。これでは健康的とは言えず，おしゃれを楽しむことも困難な状況となる。

歯のない高齢者にとって義歯は，①噛むことや飲み込むなどの機能を保持する，②食べ物への意欲向上，そして③審美性という3つの目的がある。

③ 義歯使用上の注意

義歯には，食物残渣物や細菌などが付着している。放置すれば，細菌が増

殖し臭いを発し，口腔内に炎症を起こすことにもなる。そのため，義歯の手入れは必要である。また，口腔の粘膜を休息させるために，夜間は義歯を外すことも必要である。

　④　義歯の手入れ方法
1)　義歯は毎食後，手袋を装着して義歯用ブラシできれいに清掃し洗う。利用者の口腔の清掃も行う。
2)　義歯の裏側に入り込んだ歯垢を洗浄剤で落とす（2週間に一度程度）。
3)　寝る前には義歯を外す。義歯は乾燥して変形しないように水につけておく。

　⑤　義歯の着脱方法
　　1)　部分床義歯の着脱方法
【装着方法】
(i)　上顎（じょうがく）から先に入れる。
(ii)　クラスプのかかる歯の位置へ義歯を持っていき，義歯全体を指で支える。
(iii)　着脱方向に沿って軽く押さえながら義歯が安定するところまで入れる。
【脱着方法】
(i)　上顎の義歯は人差し指をクラスプにかけ，親指をその歯の下に置き，着脱方法に人差し指を引き下げる。
(ii)　下顎（かがく）の義歯は親指をクラスプにかけ，人差し指をその歯の上に置き，着脱方向に沿って親指を引き上げる。
(iii)　小さな義歯の場合，口の中に落としてしまうと誤嚥する可能性がある。着脱時には下を向いて行うと良い。
　　2)　全部床義歯の着脱方法
【装着方法】
(i)　上顎から先に入れる。義歯の中央部を人差し指で支え，上顎へ吸着させる感じで押し上げる。
(ii)　下顎は両手の人差し指を左右の歯の上に置き，親指を顎の下にあてがい，双方の指で挟むように義歯を下方に押し下げる。
【脱着方法】
(i)　上顎は後ろを下に下げると外れる。

(ii) 下顎は義歯の端を引き上げると簡単に外すことができる。

義歯の外し方

クラスプ
上顎義歯
下顎義歯
上顎義歯
クラスプ
後ろを下に下げる

上顎のクラスプつき　　下顎のクラスプつき　　総義歯

出典：河合幹他編『口腔ケアのABC―QOLのためのポイント110』医歯薬出版，1999年，72-73頁。

5　他の職種の役割と協働

　身じたくを行う際には，対象者に関する基本的な情報収集，特に，対象者の健康状態や身体状況の把握は必要不可欠である。どのような疾病や障害を持っているのか，どのような治療や訓練を行っているのか，日常生活上で注意すべきことは何かなどの情報を得たうえで，その人らしさを考慮した身じたくへの支援を行わなくてはならない。そのためにも，医師や看護師，理学療法士や作業療法士，薬剤師などとの連携は必要である。

　また，地域医療や在宅支援が必要な対象者にとっては，地域活動でのコーディネーターやマネージメントとして，保健師，介護支援専門員，社会福祉士などとの連携も必要である。さらに，口腔内の衛生管理及び口腔機能評価に関しては，歯科医師や歯科衛生士などとの連携も必要となってくる。

　さらに，身じたくには整容として頭髪やひげ，化粧なども含まれている。髪型は可能な限り対象者の希望を聞き，その人らしさを大切にすることが重要である。対象者の好みに沿った髪型，カラー，パーマ，メイクやネイルなどが十分に提供されることができれば対象者の生活の質は向上するであろう。そのためにも，美容師や理容師などとも連携をとり，定期的に整えていくことが必要となる。人は，髪型が美しく整えられ，ひげがすっきり整えら

れていれば気分が爽快になる。美しく装った姿はその人の行動や態度に自信を与え，意欲を向上させることにもなる。対象者が身じたくを整え，その人なりのおしゃれを楽しみ喜びを感じ意欲が向上するよう，他職種が連携をとりながら協働していくことが大切である。　　　　　　　　　　（今村美幸）

参考文献

(1) 原田隆司他「快適な衣服内気候の範囲」『繊維機械学会誌』35巻8号，1982年。
(2) 牛山京子『在宅訪問における口腔ケアの実際』第2版，医歯薬出版，2007年，64頁。
(3) 江草安彦，岡本千秋編『新版ポケット介護技法ハンドブック』中央法規出版，2002年。
(4) 斉藤秀子，呑山委佐子「衣の昔衣の暮らし　衣服のもつ意味―概論」『おはよう21』中央法規出版，2004年，4頁，54-55頁。
(5) 『新版・社会福祉学習双書』編集委員会編『新版・社会福祉学習双書2006《第13巻》介護概論』社会福祉法人全国社会福祉協議会，2006年。
(6) 介護福祉ハンドブック編集委員会『介護福祉ハンドブック2001―質の高い介護サービスを提供するために』中央法規出版，2001年。
(7) 河合幹他編『口腔ケアのABC―QOLのためのポイント110』医歯薬出版，1999年。
(8) 川廷宗之編『介護教育方法論』弘文堂，2008年。
(9) 厚生労働省ホームページ「平成17年歯科疾患実態調査，一人平均現在歯数」。
(10) 日野原重明監修『写真でわかる安心介護』インターメディカ，2004年。
(11) 福祉士養成講座編集委員会編『新版介護福祉士養成講座11　介護概論』第2版，中央法規出版，2005年。
(12) 福祉士養成講座編集委員会編『新版介護福祉士養成講座12　介護技術Ⅰ』第2版，中央法規出版，2005年。
(13) 福祉士養成講座編集委員会編『新版介護福祉士養成講座13　介護技術Ⅱ』第3版，中央法規出版，2006年。
(14) 米田幸雄他『新衣服の科学』東山書房，2000年。
(15) 米山武義，吉田光由他「要介護高齢者に対する口腔衛生の誤嚥性肺炎予防に関する研究」『日歯医学会誌』2001年。

第 4 章
自立に向けた移動の介護

　移動は起きる，立ち上がる，移乗(いじょう)する，歩行するなど，日常生活動作のあらゆる場面でみられる。また，ストレッチャーや車椅子などの機器を使っての搬送も含まれる。自立に向けた安全な移動は，ボディメカニクス*を活用し安全で無理のない方法を選択しなくてはならない。そのためには，対象者の残存機能や筋力，関節可動域の状態などを把握することや身体のどこかに痛みがないか，バランス能力はどうか，介護者の指示は理解できるのか，あるいは段差や障害物の有無などの環境といったさまざまな視点からのアセスメントが必要である。本章では，対象者のADLの向上を目指し，安全で安楽な移動のための介護技術を学ぶ。

1　移動の目的

　日常生活における移動は，ある目的とする行為を達成するための手段であり，日常生活において移動動作自体が目的となることはほとんどない。ある行為を達成するための移動とは，食事をするためにベッドから起き上がりテーブルまで歩く，外出するために家の階段を降りる，会議に間に合うために廊下を走るなどである。

　しかし，われわれが身体障害者や虚弱な高齢者の移動を介助(かいじょ)する場合，本来あるべき目的を意識することなく移動動作のみに注目し介助してはいないだろうか。動作の目的，到達地点を考慮せずにその瞬間の動作のみに注目した介助を行うことは，対象者が次に行う動作や最終的に到達するはずである

---

* 物理学や力学の原理を対象者や介護者の姿勢や動作に応用する技術。ボディメカニクスの応用により，対象者により安全で安楽な介助が行え，また介護者の腰痛や筋肉痛などの介護負担を予防，軽減することができる。

目的を無視していることとなってしまう。このような状況ではわれわれが行うべき介護の目的から逸脱してしまい，対象者の生活や生活の質（QOL）に目を向けることができなくなってしまうことがあってはならない。

2　自立に向けた動作介護

　動作の自立や介助量の減少を目的とした介護を行う必要があれば，その目的を十分考慮した介入が必要となる。医学的リハビリテーションの視点から捉えると，動作の自立を目的とした動作練習としての介護を行うことは大いに意義がある。

　自立に向けた動作介護としては，対象者の動作能力の向上，介護者の介護能力の向上，介護者・対象者にとっての環境調整の3点が考えられる。

　また，それぞれにおいて注意すべき点は次の通りである。
① 　対象者の動作能力を向上させる場合は，対象者の身体的心理的負担，廃用症候群の有無，障害の回復状況などに注意を向ける必要がある。
② 　介護者の介護能力を向上させる場合は，介護者の身体的心理的負担，対象者にとっての過大・過小な介護，生活における介護の時間などを考慮する必要がある。
③ 　介護者，対象者によっての環境調整を実施する場合は，生活の中で介護者，対象者にとっていかに安楽な介護ができるかに注目する必要がある。

　また，全体を通して常に考慮しなければならない点は，下記の通りである。
　日々の生活の大部分に動作の自立に向けたアプローチを実施しすぎてはならない。生活上での移動動作は基本的に常に安楽に実施できなければならない。環境調整や介護方法の指導は生活上の移動介護をより効率良く，安全で安楽に実施することが可能となるよう介入することを目的とする。また，自立に向けた動作練習は，身体的負荷が大きく，動作練習自体に疲労と苦痛が付随していることを考慮しなければならない。

3　移動動作の介護

第4章　自立に向けた移動の介護

(1) 支持基底面と重心

人は寝る，座る，立つ，歩く，走るなどいろいろな姿勢でいろいろな方法を用いて移動する。その際に考慮すべき2点について説明する。

① 支持基底面

身体が床と接している部分で囲まれた面を支持基底面という。立位時の両足で囲まれた面，座位時の臀部と両足で囲まれた面，背臥位時の寝具と接するすべての身体背面で囲まれた面などである。この支持基底面が広いほど安定性が高い反面動きにくく，動かしにくい。狭いほど動きやすく，動かしやすい。

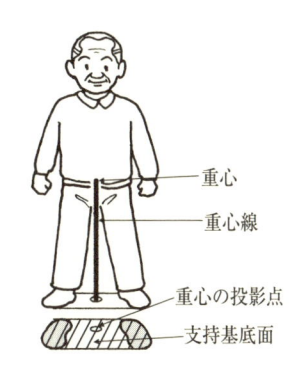

② 重心

人は重力によって地球の中心に向かって引かれている。重力の方向はすべて同じであるため，それらの作用点はある点に合成することができる。この点を重心（質量中心）という。重心は地面から高いほど動きやすく，動かしやすい。低いほど動きにくく，動かしにくい。また，重心から重力方向に向かう線を重心線という。重心線が支持基底面内に存在することで，一定の姿勢を維持することができる。重心線が床と接する部分を重心の投影点とし，それが支持基底面から外れることによって一定の姿勢の維持が困難になる。

臥位から座位，立位と姿勢が変化するにつれて徐々に支持基底面は狭くなり，重心は高くなる。つまり臥位に比べて座位，座位に比べて立位は動きやすい姿勢であり，動かしやすい姿勢，不安定な姿勢と説明することができる。

(2) ベッド上移動〜起き上がり

① ベッド上移動

ベッド上では，対象者にとって安楽な姿勢を保持している場合がほとんどである。しかし，この姿勢が次に行う寝返りや起き上がり，立ち上がりの準備の姿勢として好ましくない姿勢であることがある。この場合，ベッド上で

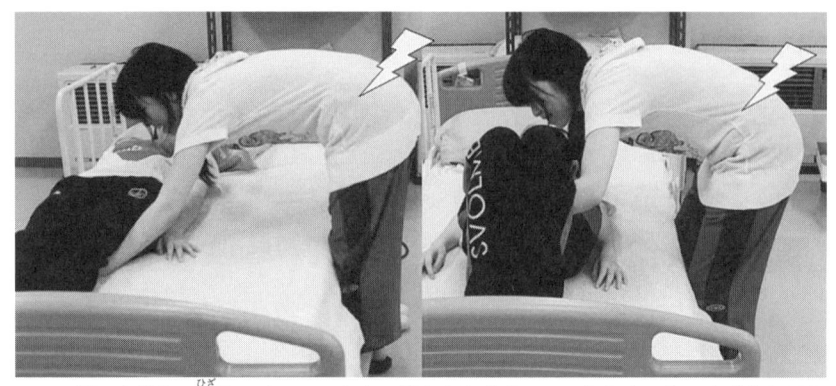

ベッド端に介護者の膝をつけ,ベッド上の対象者を移動させようとすると,介護者と対象者の距離が遠いため,介護者の腰への負担は大きくなる。

図4-1　介護者の腰部への負担の大きい介助方法

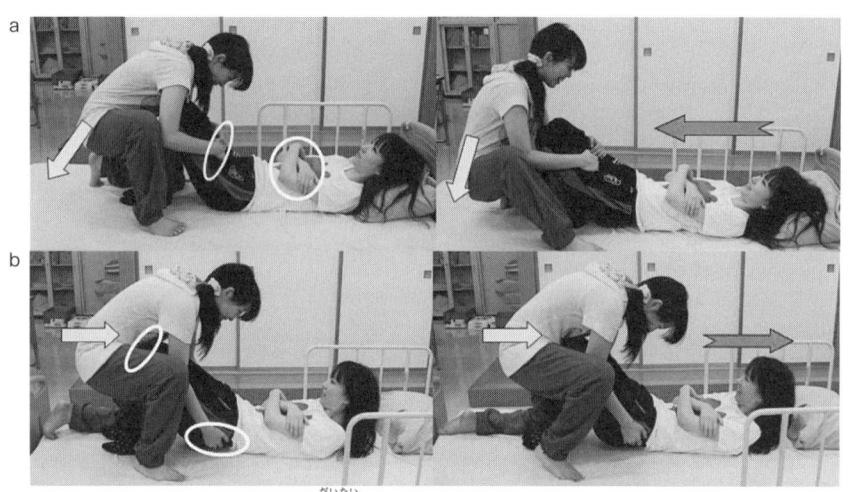

a. 対象者の足側移動　対象者の大腿部を持ち,介護者が腕を固定したまましゃがみこむ。
b. 対象者の頭側移動　対象者の臀部を挙上し,介護者の腹部で対象者の膝を押す。

図4-2　ベッド上での効率の良い移動介護の方法（頭・足側移動）

は頭・足側方向,左右方向への移動が求められる。ぞれぞれの移動介助は,図4-1に示すように,ベッドサイドより頸部,下肢を支え,ベッド端につけた介護者の膝を支点に移動させる場面が考えられる。しかし,この場合は対

第4章 自立に向けた移動の介護

象者が介護者から離れていることと，対象者が臥位であり支持基底面が広く重心が低いため移動させにくい状態となっている。また，介護者の腰部への負担も大きくなってしまう。これに対して，頭・足側移動の場合は図4-2のように，ベッド上の対象者の足側に位置した介護者が対象者の立てた膝を抱えるように持ち，手前に引くことで対象者は足側へ移動できる。また，頭方向への移動では対象者にブリッジ姿勢をとらせ，臀部を頭側へ移動させることで移動が可能となる。それぞれの方法では支持基底面の狭小化のため対象者の上肢を胸の前で保持し，可能な範囲で頸部を持ち上げてもらう。介助が必要な場合は図4-2に示すそれぞれの部位を介助する。

　側方移動の場合，対象者の体を分節的に捉え，下肢，頭部，体幹の順に側方移動させる（図4-3）。まず，頭部，下肢の側方移動では，介護者は頭，下肢を片側上肢で抱え側方へ引き寄せる。その時，対側の上肢を対象者の向こう側につき，介護者自身の支持基底面を大きくすることがポイントである。頭部，下肢が側方に移動することによって対象者の体は「く」の字になる。この状態で対象者に両膝を立て，ブリッジ姿勢をとらせる。体幹の筋緊張を高くすることで体は正中位に戻ろうとする力を得る。必要に応じてブリッジ姿勢を介助することで側方移動が可能となる。

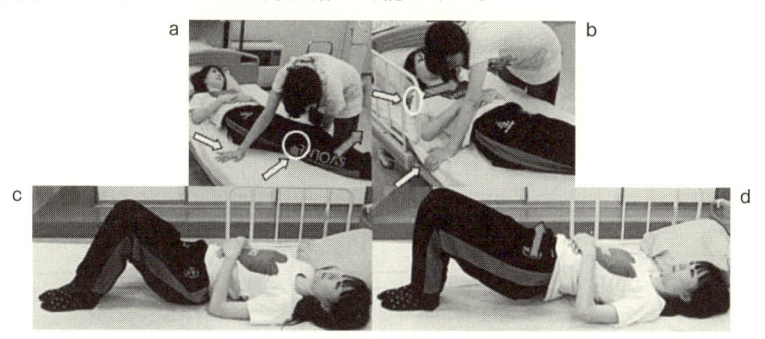

対象者の足，頭部を順に側方に移動させる（a～c）。この時，介護者は対象者の体の向こう側に手をつくことで，自己の腰部への負担を最小限にすることができる。その後，対象者にブリッジの姿勢をとってもらうことで側方移動（d）が可能となる。

図4-3　ベッド上での効率の良い移動介護の方法（側方移動）

② 寝返り

人は丸太を転がすように寝返ることはなく，通常頭側から体幹，骨盤，下肢，もしくは下肢，骨盤，体幹，頭の順に分節的に生じる。対象者の動作能力を見極めて，どの部分を介助するかについて慎重に判断する必要がある。
　全介助にて実施する場合は，分節的な寝返りを意識するより，介護者の誘導のしやすさを重視すると良い。対象者の肩と立てた膝を介護者の両手で保持し，引き寄せるように介助する。対象者が寝返ってくるにつれて，介護者は誘導の手を自己の体幹に近づけるよう対象者の体幹，下肢が屈曲方向に動くよう介助する（図4-4）。介護者の脊椎と腕との距離をできるだけ短くすることで腰部への負担は少なくなる。また，寝返りの次の動作は起き上がりとなることが多いので，体幹，下肢ともに屈曲させながら実施することは理にかなっている。

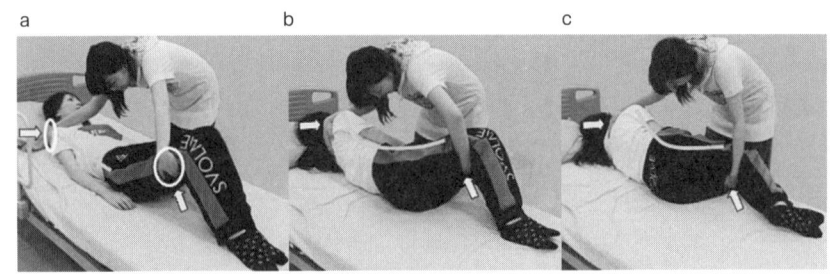

a．対象者の膝を立て，肩と膝を支持して寝返る側に引き寄せる。
b・c．体幹，股・膝関節が屈曲する方向に誘導する。

図4-4　ベッド上での寝返り介助

③ 起き上がり

　起き上がりは方略の違いによって，種々の方法が考えられる。1)背臥位からまっすぐ起き上がる，2)下肢や上肢を振ることで運動の勢いを利用して起き上がる，3)背臥位，半側臥位，肘立て位を経由して起き上がるなどの方法が考えられる。起き上がりに介助を要する者は，3)の方法（図4-5）で実施することが多い。
　半側臥位から起き上がる場合，頭部，上位体幹を重力に抗して引き上げる必要がある。この時，対象者の起き上がる側の上肢はベッドに，反対側の上肢は胸の前に保持する。必要に応じて下肢は屈曲位としてベッド端に近づけ

る。対象者の頭部，肩を介護者の上肢で保持し起き上がりの誘導をする。肘立て位から座位に至る場合は，肘立て位から肘を伸展させ体幹をさらに引き上げる。同時に両下肢をベッド端から下ろし，端座位になる。この時，体幹は正中位に向かう方向に移動しなければならないが，体幹屈曲・伸展筋の同時収縮が不十分な者であれば，体幹が後方もしくは前方に崩れてしまう可能性があるので介護者は誘導の方向に注意する。

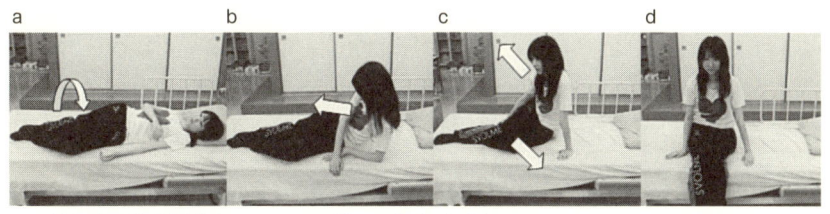

a　　　　　　　b　　　　　　　c　　　　　　　d

a．対象者は膝を屈曲し，ベッドの端に下肢を近づける。
b・c．肘立て位を経由して起き上がる。　d．下肢をベッド端に下ろし，端座位になる。
　介助にて実施する場合は，それぞれの矢印の方向に対象者の体を誘導する。

図4-5　ベッド上での起き上がり方法

　起き上がり動作の初期に上肢でベッド柵を持つ場合も考えられるが，その上肢でベッド柵を強い力で引いてしまうと反対側の上肢と体幹が後方に引かれてしまう。特に脳卒中片麻痺患者のように筋緊張が亢進しがちな者はさらに起き上がりにくくなってしまうので，非麻痺側でのベッド柵を強く引く動作ではなく，起き上がる側への体幹の回旋と屈曲を促す必要がある（図4-6）。

(3)　立ち上がり

　立ち上がり動作は図4-7に示すように運動方向が大きく変わる点と支持基底面，重心の変化が大きく不安定性が増すことを特徴とする。

①　軽介助での立ち上がり

　対象者がある程度自力で実施できる場合は，足部の位置，体幹の前傾，上方への引き上げ介助をすれば良い。可能な限り両下肢に同等に加重し，対照的な立位を目指すことで障害側の下肢への加重トレーニングになる。

②　重度介助での立ち上がり

図4-6　ベッド柵を引っ張りながらの起き上がり

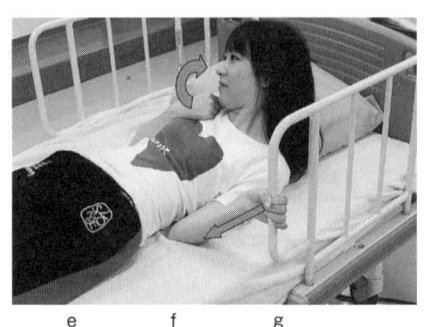

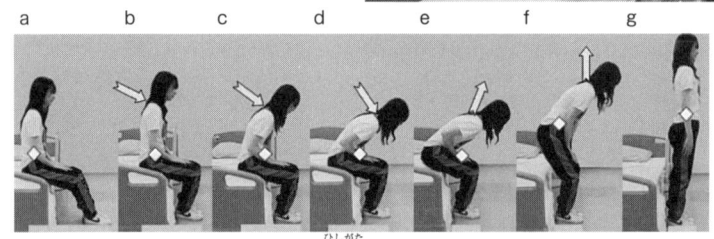

下線はそれぞれの位置での支持基底面、菱形は重心を示している。支持基底面に重心を保持する必要があるため、足を引き、体幹を前傾させ、足で囲まれた支持基底面内に重心線を移動させてから、膝・股関節、体幹を伸展させ、立位になる。矢印は体幹の運動方向を表している。b～dの間は、体幹は前下方に倒れていき、e以降は後上方に起き上がる。

図4-7　立ち上がり動作

　対象者が自力で立ち上がりがほとんどできない場合は、対象者の両膝、もしくは片膝を介護者の膝で固定し、介護者の両手は対象者の腰部を保持する。対象者の立ち上がろうとするタイミングに合わせて介護者の重心を後方に移し、対象者の膝が伸展するタイミングに合わせて介護者も一緒に立ち上がる（図4-8）。この時注意することは、介護者が対象者の立ち上がりを妨げないことである。具体的には対象者が体幹を前方に屈曲し、自己の重心を両足で囲まれた支持基底面内に移そうとする際、介護者は自らの重心を後下方に移動させなければならない（図4-8 a～b）。また、対象者の膝、股関節、体幹の伸展に移行する段階では、介護者は対象者の正中位を意識して誘導しなければならない（図4-8 c～d）。

　もし、介護者が対象者ではなく自らが立ち上がりやすい方法で介助してしまうと、対象者にとって重心は後方に残ったまま立ち上がり介助を受けることとなり、後方に転倒してしまうかもしれない（図4-9 a）。また、介護者

の重心を後下方に移動させすぎると介護者の上に対象者が乗りかかってくるかもしれない（図4-9b）。介護者はこのような状況に陥らないよう対象者の支持基底面と重心を意識する必要がある。

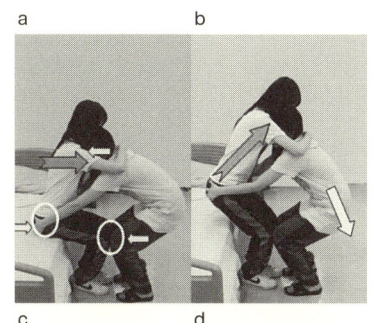

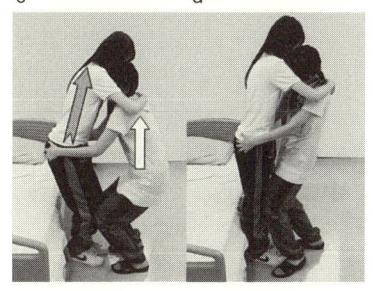

a．介護者は自己の膝で対象者の膝を固定する。腰部を両手で固定し介護者の方向に引き寄せる。矢印のごとく3点で固定することで対象者は安定する。対象者は体幹前傾から立ち上がりを開始する。
b．介護者は自己の重心を低い位置に保つ。対象者は前上方に重心を移動する。
c．膝の固定を維持したまま，対象者の立ち上がりに合わせて対象者の膝・股関節，体幹を伸展させていく。
d．対象者が完全な立位になるまで誘導する。

全体を通して対象者の可能な動きを引き出す。対象者の支持基底面，重心の位置を確認しながら，適切な立ち上がりを誘導する。

図4-8　立ち上がりの重度介助

a．介護者の立ち上がりやすい方法で対象者を誘導すると，対象者の重心は後ろに崩れてしまう。
b．介護者が後方に下がり過ぎると，対象者の重心は前方に崩れてしまう。

図4-9　立ち上がりの誤った誘導

(4) トランスファー

　トランスファーは種々の場面で考えられる。ベッド―車椅子，ベッド―ポータブルトイレ，車椅子―トイレ，車椅子―自動車などである。基本的な動作

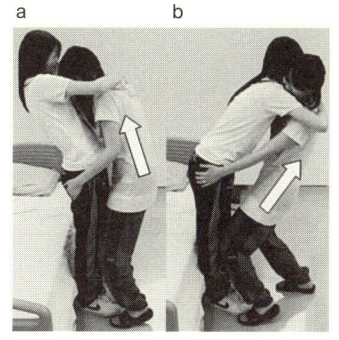

介助方法は同じであるが，それぞれの環境に合わせてアレンジが必要となる。
① ベッド─車椅子のトランスファー
　トランスファーも対象者の障害の状況によって介助方法は大きく異なる。軽症の対象者であれば腋窩を介助することで各動作は概ね実施可能となる。介護者は環境に応じて自らの立ち位置を選択し，対象者の動作の邪魔にならないよう注意する。重度介助を要する対象者は，先に述べた立ち上がりに引き続き，立位での方向転換，座り動作の介助が必要となる。

　立位での方向転換（図4-10）では対象者の踏み換える足の固定を除去し，反対側の下肢に重心を移動させる。この時，反対側の下肢で対象者の体重を支持できない場合は，介護者の膝で対象者の膝を固定する。対象者の骨盤をターンする方向に誘導し足を踏み換えるよう指示する（図4-10 a～c）。機能低下のため下肢の踏み換えが困難な対象者に対しては，介護者の足部で対象者の足部を誘導する必要がある（図4-10 d～e）。

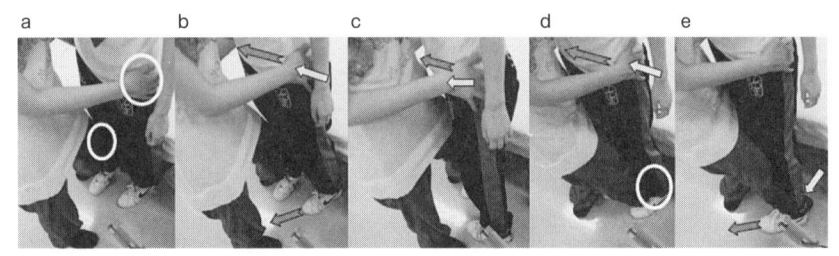

a．介護者の膝で対象者の膝を固定し，対象者の膝折れが生じないようにする。
b．介護者が骨盤と膝を固定した状態で，対象者の骨盤を右に誘導し右足に重心を移動させる。
c．対象者の右足に移動させた重心を維持したまま，対象者の骨盤を回旋させることで左足を踏み換えさせる。
d．対象者の重心を右足に移動させても自力で足の踏み換えができない場合，介護者の足で対象者の足を移動させる。この時も，介護者は対象者の膝，骨盤の固定を怠ってはならない。
e．対象者のかかとに介護者の足をかけて前方に引き出す。

図4-10　立位での方向転換の介助（トランスファー介助）

　方向転換では，対象者の踏み換え動作を引き出す介助が重要である。指示の理解が可能な対象者であれば介護者による固定と重心移動によって少なくとも若干の筋収縮，もしくは関節運動により踏み換え動作の試みが可能なは

第4章　自立に向けた移動の介護

ずである。介護者優位の方向転換では対象者の動作能力向上は望めない。

　座り動作は，対象者の重心の位置を考慮した介助を行わなければならない。対象者の両足で囲まれた支持基底面内に重心線を置いたまま体幹を前傾させて座面に臀部を降ろす。介護者は対象者の膝を自己の膝で固定し，腰部を両手で支持した状態で体幹前傾を誘導するためしゃがんだ姿勢となる必要がある（図4-11）。対象者の臀部が座面に接触したら，対象者の体幹を起こす方向に誘導する。対象者の両足で囲まれた支持基底面から重心線が後方に逸脱してしまうと対象者は座面に向かって落下するよう勢いよく座位姿勢になってしまうので注意が必要である。

　ベッドから車椅子に移動する場合は，対象者の臀部が座面につき，体幹が正中位に戻った状態で，車椅子の背もたれと対象者の位置を確認する。必要に応じて対象者の臀部を後方に下げなければならない。対象者の臀部を後方

a．介護者の体幹が伸展した状態で座り，動作に至ると臀部が座面に急激に落下してしまう。
b．対象者の体幹が十分屈曲していることを確認して，ゆっくりと座位に至る。

図4-11　座り動作の介助（トランスファー介助）

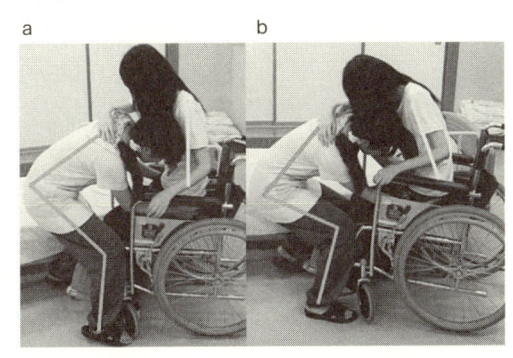

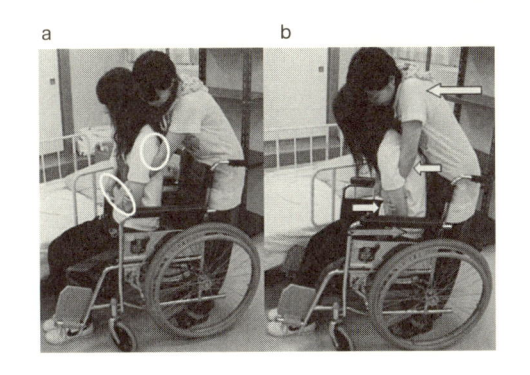

a．対象者の前方で組んだ腕を持ち，対象者の手関節と腋窩を固定する。
b．対象者の手と腋窩を反対方向に誘導することで対象者の臀部を後方に移動させる。

図4-12　座位での座りなおし（トランスファー介助）

に移動するためには，両手を組んだ対象者の後方より介護者の上肢を挿入し，対象者の両腕を介護者の腹部に近づけながら対象者の体幹を丸めるように臀部を後方に移動させる（図4-12）。

基本的なトランスファーは上記の通りである。それぞれ移乗先，周囲の環境を考慮して誘導しなければならない。

(5) 歩行

歩行の介助は原則として，対象者の患側やや後方から誘導する。その時の介護者の手の支持は図4-13に示すよう介助量に合わせて調整する必要がある。過剰な介助は対象者の動作の妨げとなるうえに，歩行能力を低下させてしまう。介護者は可能な限り対象者に近づき，対象者の踏み出す足と同じ足を同時に踏み出す。対象者に近づき，必要な固定をしながら対象者の歩行に合わせた歩容にすることで，歩行時の対象者の重心の移動を確認することができる。もし，対象者の重心が大きく崩れた場合であっても，その重心の崩れを素早く察知することができるであろう。

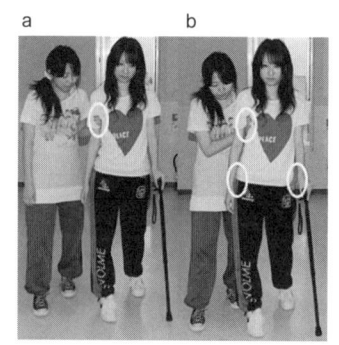

a. 対象者の歩行障害が軽度の場合は，対象者の腋窩（えきか）を介助する。
b. 対象者の歩行障害が重度の場合は，片側上肢で対象者の腋窩，もう一方の上肢で骨盤，介護者の骨盤で対象者の骨盤を固定する。

いずれの介助方法でも，介護者は対象者の出す足と同じ足を同じ距離だけ移動させる。

図4-13　歩行時の介助方法

歩行動作は各種歩行補助具を用いて行われる場合が多い。杖や歩行器，歩行車，手すりなどが一般的である。屋外歩行補助具としてシルバーカーを用いる場合もあるが，女性の使用頻度が高い。杖や手すりを用いた歩行の場合，歩行方法は一定の方法をとる必要がある。図4-14に示す2動作歩行と3動作歩行が基本である。

歩行器を用いた歩行は，歩行器を持ち上げて前方に運ぶだけの体幹の固定

第4章 自立に向けた移動の介護

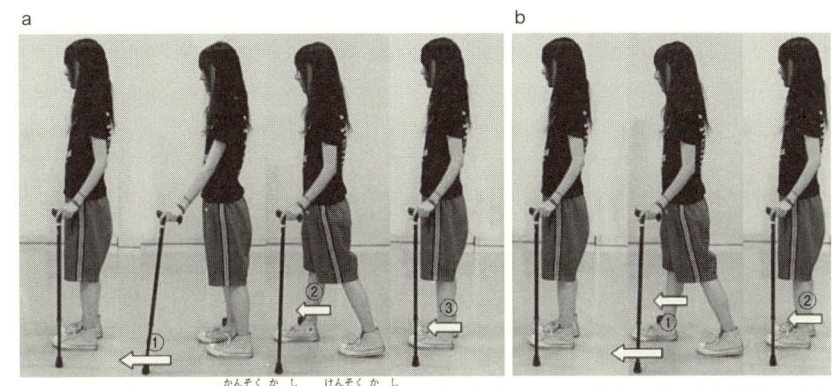

a．3動作歩行：杖，患側下肢，健側下肢の順で移動させる。常時2点が床と接する安定した歩行。
b．2動作歩行：杖と患側下肢を同時に前方に移動させ，その後健側下肢を移動させる。動作が2種類になり，3動作歩行に比べて速度が速い歩行。
歩行安定性は2動作歩行＜3動作歩行，歩行速度は2動作歩行＞3動作歩行となる。

図4-14 歩行動作

筋力と上肢の筋力が必要となる。杖に比べて固定性が高い反面，大きさが問題となり家屋内での使用は制限される。歩行器は対象者の能力や使用目的に応じて異なる（図4-15）。基本的な歩行器の歩行方法は通常歩行と同様である。介護者は対象者の近くに位置し，不意な転倒や下肢の崩れに対応できるよう細心の注意をする。

歩行車を用いた歩行は，上肢で体幹を支持する能力が求められるが，下肢の機能が低下していても平坦な場所であれば歩行可能である。歩行時の固定性は杖や歩行器に比べ高いが，歩行車の大きさ，重量を考えると家屋内での

a．歩行器歩行：歩行器，患側下肢，健側下肢の順で移動させる。上肢の力で歩行器を操作しなければならない。
b．歩行車歩行：上肢で支持することで，安定した歩行が可能となる。

いずれの方法であっても，歩行器や歩行車はその大きさから家屋内での使用に向かない。

図4-15 歩行器，歩行車を用いた歩行動作

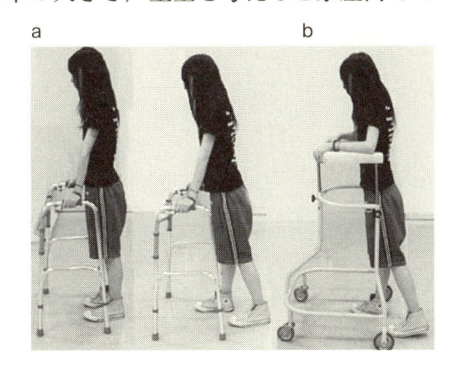

実用的な利用は不可能であり，病院や施設での歩行練習用として用いる場合がほとんどである。

(6) 階段昇降

① 階段の昇り動作

手すりのある階段では健側の手で手すりを把持する。手すりのない階段では杖などの歩行補助具を使用して昇る（図4-16 a）。介護者は対象者の腋窩を必要に応じて介助する。この時，介護者の足の位置は歩行時と同様に対象者と同じ状態とタイミングとする。

また，腋窩支持により対象者の重心が上方に向かう際の介助が可能となる。

対象者の動作方法は次の通りとなる。

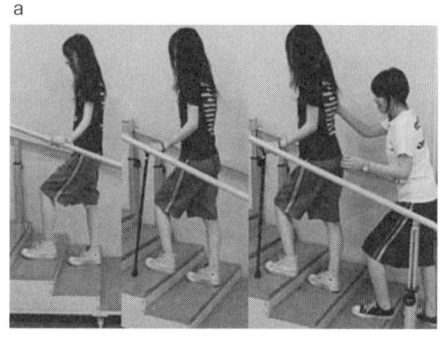

a. 階段昇り：手すり，杖を上段に移動させ，次に健側下肢を移動させる。これによって体を上方に持ち上げながら患側下肢を上段に移動させることができる。

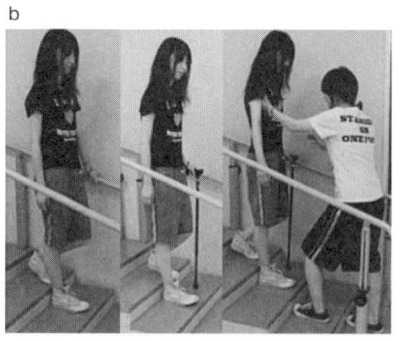

b. 階段降り：手すり，杖を下段に移動させ，次に患側下肢を下ろす。この時，健側下肢で体重を支持しながら慎重に降りるよう心がける。

介護者は対象者より下段に位置し，転倒・転落に注意する。

図4-16 階段昇降

1)上肢で支持した手すりや杖を上段に移動する。2)健側下肢を上段に移動する。3)患側下肢を上段に移動する（図4-16 a）。この方法によって，最も

第4章　自立に向けた移動の介護

下肢に加重がかかる 3)患側下肢を上段に移動する動作の際に，上段にある健側下肢で体全体を上方向に引き上げることができる。

② **階段の降り動作**

対象者が手すりや杖を使用する部分や介護者の介助方法は基本的に昇り動作と同じである。動作パターンは通常の歩行時と同じである（図4‐16 b）。

③ **階段昇降の監視レベルでの介助方法**

階段昇降の練習，もしくは必要条件としての階段昇降の際，対象者の動作が未定着であったり，転倒・転落の危険性が高い場合の介助者の監視位置について説明する。階段昇り動作の場合は，対象者の1～2段下に位置して，転落の危険を防止する。降り動作の場合は，対象者の3～4段下に位置して対象者の転倒，転落に注意する。この際，介護者は後ろ向きに階段を降りる必要がある。つまり，常に対象者の下に位置することで不安定な階段昇降を行っている対象者に安心を与えることが可能である。

(7) **車椅子移動**

① **車椅子の構成**

標準的な車椅子を図4‐17に示す。ハンドリムは対象者が自力駆動する際に把持して操作する。グリップは対象者が自力駆動できない場合に介護者が把持して操作する。ティッピングレバーは車椅子の下部フレームを後方に延長したもので，これを介護者が踏むことで段差乗り越え時などにキャスターを挙上しやすくなる。

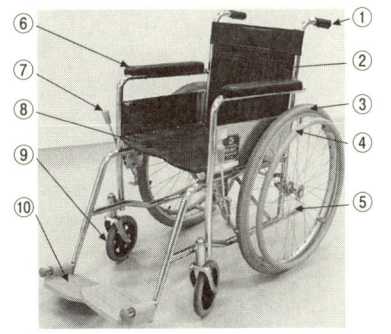

①グリップ，②バックレスト，③大車輪，④ハンドリム，⑤ティッピングレバー，⑥アームレスト，⑦ブレーキ，⑧シート（座面），⑨キャスター（小車輪），⑩フットレスト

図4‐17　車椅子各部分の名称

② **車椅子乗車**

普通型車椅子を用いた対象者による自力駆動は図4‐18に示す複数の方法がある。対象者の障害や状況に応じて適切な方法を指導する必要がある。

車椅子乗車姿勢に対して十分な配慮をすべきである。臀部が前方に位置

75

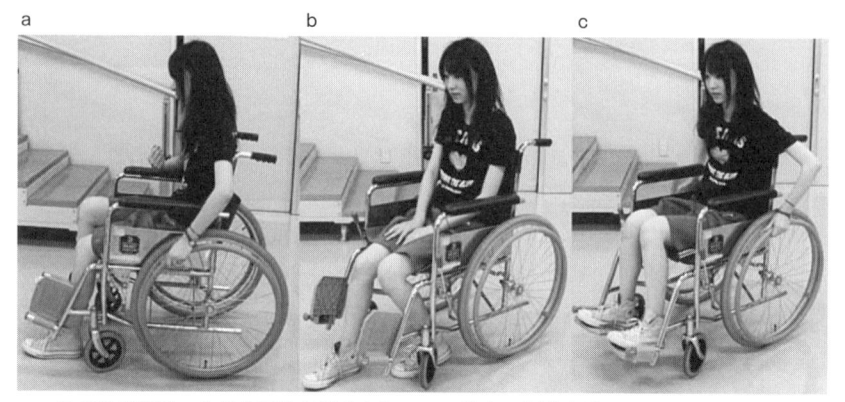

a．片手片足駆動：片側上下肢が障害されている場合の駆動方法。
b．両足駆動：両上肢が障害されている場合の駆動方法。
c．両手駆動：両下肢が障害されている場合の駆動方法。

図4-18　車椅子の駆動方法

し，体幹が後傾した状態ではハンドリムのこぎしろが少なくなるうえに，駆動に伴い臀部がさらに前方に滑ってしまう可能性がある（図4-19）。体幹が側方に傾いた状態での駆動は上肢，下肢ともに駆動のための動作が行いにくくなる。同様に臀部の位置が座面の左右どちらかに偏っている場合も体幹が側方に傾斜してしまい十分な駆動が行えなくなる。加えて，不適切な体幹の姿勢に伴い，対象者の腰部への負担が大きくなり，腰痛を生じさせてしまう

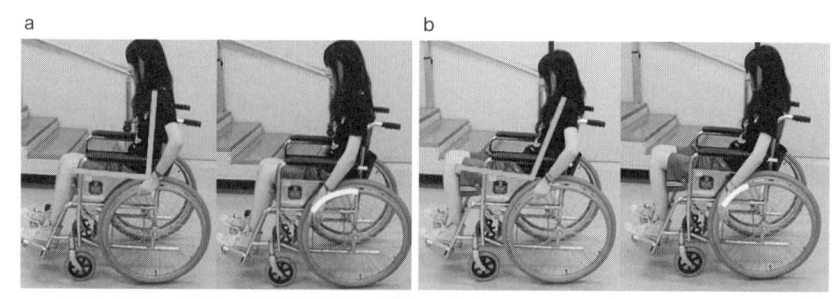

a．座面の通常の位置に臀部が位置する場合，十分なこぎしろが存在する。
b．座面の前方に臀部がずれてしまい，体幹が後傾位になった場合，十分なこぎしろを確保できなくなる。

図4-19　車椅子の駆動方法

第4章　自立に向けた移動の介護

危険性がある。この場合，介護者はベッド—車椅子のトランスファーで示した方法（図4-12）で臀部を適切な位置に設定し直さなければならない。

③　車椅子介助

車椅子乗車での介助移動の場合は，介護者は対象者が車椅子上で適切な姿勢を維持していることを確認したうえで，対象者に前進する旨を伝え，ゆっくりと車椅子を押す。車椅子乗車の対象者は自己の意思で操作できないうえに，歩行時に比べ目線が低い位置にあるため，移動時の不安を払拭できない状態にあるものと予測する必要がある。介護者は発進時，方向を変える時，停車時に対象者に対してこれからどういう介助をするか的確に口頭で伝えなければならない。また，介護者の通常の歩行スピードは低い目線の対象者にとって，時に恐怖を感じる程の速さとなっていることを意識すると良い。

④　介助での坂道の昇り降り

坂道の昇りは前向きに介助すると良いが，車椅子と対象者の重量を押し上げなければならないので十分に注意する。降りは後ろ向きに介助する必要がある。もし車椅子を前向きに降りると，少しの段差によるショックでも乗車している対象者は前方に転落してしまう可能性がある。また，グリップにブレーキレバーのあるドラム式ブレーキを装着した車椅子であれば，必要に応じてブレーキを利用すると良い。ただし，グリップのブレーキがレバー式ブレーキと連動している場合は，大車輪を損傷してしまう可能性があるので使用は避けるべきである。

⑤　段差の乗り越え

1～5cm程度の段差であれば，介助にて乗り越えられる。介護者は車椅子のティッピングレバーとグリップに自己の体重をかけることによってキャスターを挙上させ，その状態で段差の先にキャスターを乗せてから大車輪を押し上げる（図4-20）。この時大車輪は直径が大きいため5cm程度の段差であれば乗り越えることが可能である。

⑥　屋外の移動

アスファルトやコンクリートでは，歩行時に気づかない路面の凹凸が存在する。通常の車椅子は路面の凹凸の状況に敏感に反応する。歩道のない道路

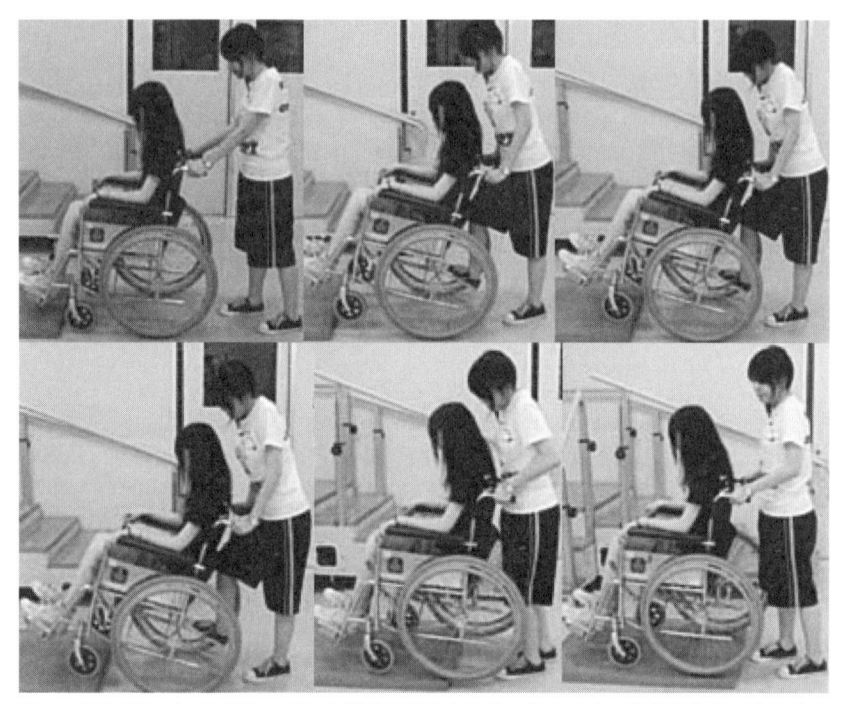

ティッピングレバーとグリップに介護者の体重をかけ，キャスターを挙上する。その後，段差上段にキャスターを移動させ，大車輪を乗り越えさせる。

図4-20 車椅子での段差昇降

では，路面は中央が高く，両端になるにつれて低くなるかまぼこ型になっている。この状況で車椅子を操作すると介助駆動か自力駆動かにかかわらず道路の端へと引き寄せられてしまうことに注意する必要がある。　　（岡崎大資）

第5章
自立に向けた食事の介護

　食事は生命維持に欠くことができない基本的欲求の一つである。また，人が生きていくうえでの大きな楽しみの一つでもあり，他者との関係性を楽しむという要素も含まれる。さらに援助する側からみれば，愛情の表現としての献立，調理という見方もある。適切な食事援助が行われるためには，対象者の身体的・心理的要因，そして対象者の生活習慣や嗜好を忘れてはならない。本章では，食事の意義と目的を理解し，ICFの視点からアセスメントし，対象者への適切な食事援助方法について学ぶ。

1　食事の意義と目的

　食事は排泄や睡眠などとともに生理的欲求の一つであり，生命を維持するために最優先すべき欲求である。では，食事の意義は何だろうか。確かに人間が生命を維持し，活動のエネルギーを生み出すために食事は欠かせないものである。しかし，それだけが食事の意義ではない。おいしいものを食べれば自然と笑顔がこぼれ，心が温かくなるような幸せを感じる。食事をともにすれば，自分がその仲間の一人であると親しみを感じられるし，時には愛情を表現する方法にもなりうる。さらに，食材や料理，食器へのこだわりがその人の価値観や自尊心を表現している場合もある。

　このように食事の意義は，個のレベルから人とかかわる社会的レベルまで，そして生物的レベルから精神的なレベルにまで及ぶのである。

　また，脳の機能から食事の意義を考えれば，一見単純に見える食事という行為には脳全体を活性化する要素がふんだんに含まれている。私たちは，お腹がすいたと感じることから食欲が生じ，何を食べるか決断し，視覚・嗅覚

を通して食べられるものかどうかを判断する。食べ物に合わせて上手にスプーンや箸を使用し，こぼすことなく適量を口に運び，咀嚼し，味わい，そして適切なタイミングで飲み込む。これら一連の行為をいとも簡単に実行するには，視床や大脳辺縁系，後頭葉や頭頂葉，運動野を含む前頭葉，側頭葉，基底核や小脳などの協調した働きが欠かせないのである。

では，食事の目的は何か。ここでは，生物学的に"生きること"と精神的に"楽しむこと"，"個人"と"他者との関係性"という観点から3種の目的を挙げる。

第1の目的は言うまでもなく生命維持である。第2の目的は味わいを楽しむ，料理や食器を選ぶことを楽しむ，雰囲気や季節感を楽しむなど個人が主体的に楽しむことである。そして，第3の目的は，場面と時間を共有する（食卓を囲む）他者との関係性において生まれる楽しみ，例えば楽しいおしゃべりや共感などを楽しむことである。対象者の自立を目指した食事介助を行うためには，これら3種の目的をバランス良く取り入れることが必要である。

2　食事に関する対象者のアセスメント

(1) ICFの視点

ICF（国際生活機能分類）（p.21参照）はWHOがICIDH（国際障害分類）を発展的に改変し作成したものである。ICFは人々の健康状態，生活機能とその障害を包括的に表現しており，ここには以下の視点が内包されている。
・「生活機能及びその障害」は「健康状態」だけでなく「環境因子」「個人因子」との関係によって成立している。
・「生活機能及びその障害」は「心身機能・構造（機能障害）」「活動（活動制限）」「参加（参加制約）」の3種から成る。これに上述の「健康状態」「環境因子」「個人因子」を加えた計6種の領域間には相互作用がある。
・「～ができない」という否定的な側面だけでなく，「～ができる」という肯定的な側面にも着目する。

このような視点を理解してICFを用いれば，対象者の機能と能力（できる部分とできない部分）だけでなく価値観や本人を取り巻く環境を把握することができる。つまり，重要な情報を見落とすことなく包括的に把握することが可能である。さらに，さまざまな情報の相互関係を想定できればアセスメントはより具体的に行える。

一例を挙げれば，対象者が食べ物を口内にうまく取り込める時とそうでない時がある。この時，つい運動機能に着目しがちだが，食べ物や食具，椅子やテーブル，本人の好みなどとの相互関係を想定できれば，「できる時」と「できない時」では何が違うのかという点に注意を払ってアセスメントすることができる。これが，問題解決の糸口になる。このように，ICFは対象者を包括的に理解し，問題の所在とおおよその目標を見つけ出すことに役立つ。しかも，多くの職種の共通言語として使用することが可能なのである。

(2) ICFの視点に基づく食事のアセスメント（図5-1）

繰り返しになるが，ICFに示される6つの領域から情報を広く収集すること，この時，相互作用を想定しながら「できること」「できないこと」の両方に着目することが肝要である。

① 健康状態の把握

体温や脈拍などのバイタルサイン，便秘や脱水傾向など食事にかかわる全身状態を確認する。また，糖尿病によるカロリー摂取の制限や心疾患による水分摂取の制限など病気そのものが食事に影響を及ぼしている場合もあるため，現疾患の確認も必要である。加えて既往歴や合併症なども食事に影響している可能性があるので確認しておきたい。

健康状態は身体面だけでなく心の健康にも留意する。心の健康は食欲や食事の好み，他者との同席を好む・好まないなどに影響する。

② 心身機能・身体構造の把握

食べるために必要な身体や脳の機能を評価する。評価すべき項目は，食べ物を見て理解するための認知機能から，姿勢保持に影響する頭頸部，体幹及び下肢の機能，食具の操作に必要な上肢機能，咀嚼，嚥下に必要な口腔機能，

食事を見て，触れて味わうための感覚機能，さらには呼吸機能や消化器系機能まで幅広い。

③ 活動の把握

食べるという活動を工程に区分して把握する。すなわち，食事を見て理解し，食事に必要な姿勢をとり，食具を操作し，口内に取り込み，咀嚼し，嚥下するという工程ごとに評価する。また，食べるという活動はその前後にも工程がある。食前に手を洗う，食堂まで移動する，食後に口をゆすぐ，食後に服薬するなどである（表5-1）。これらの工程は対象者によって異なるが必要に応じて評価すべきである。さらに各工程の動作には個別性がある。食べる動作は人によって実に多様である。使用する食具や食器，食材の調理方法なども含めて，どの工程のどの動作が「できる」のか「できない」のかを把握する。

④ 参加の把握

家族での外食や旅行先での食事，慶弔事（けいちょうじ）など，食事は社会的参加の場面で行うことも多い。しかも，食事を通じた社会的場面への参加は生活の質（QOL）とも関係が強い。このため，対象者がどのような場面に参加することが想定されるのかを把握すべきである。

⑤ 背景の把握（環境因子）

食事をする環境として，人的環境と物的環境を把握する必要がある。人的環境は食事をともにできる人がいるのか，介助（かいじょ）する人がいるのか，それは誰なのかなどの情報である。物的環境は食事の場所，使用する食卓や椅子，車椅子などの情報である。

⑥ 背景の把握（個人因子）

対象者の食べ物の好みや食具の趣向など，食事に影響する個人の情報を把握する。このためには，生活歴，食事量や食事の時間帯なども重要な情報である。

高齢者は，わが国の習慣から食事の順序なども気にする場合も多いだろうし，贅沢（ぜいたく）な食事は禁物であるという価値観を持っているかもしれない。逆に，今日の洋食化に伴い，食の嗜好（しこう）が和食から洋食に変化し，昔の習慣が当ては

第5章　自立に向けた食事の介護

まらない可能性もある。そのため，本人だけでなく家族からも情報を収集する必要がある。

【健康状態】
- □全身状態（バイタル，脱水など）
- □疾患に関して（現疾患，現病歴，既往歴，合併症）
- □精神的状態（食欲など）

【心身機能・身体構造】
- □認知機能
- □頭頸部・体幹機能
- □上肢機能
- □口腔機能
- □感覚機能
- □消化器系機能
- □呼吸機能

【活動】
食事の行程
- □食べ物を見て理解する
- □食事に必要な姿勢をとる
- □食具を操作する
- □取り込み・咀嚼・嚥下する

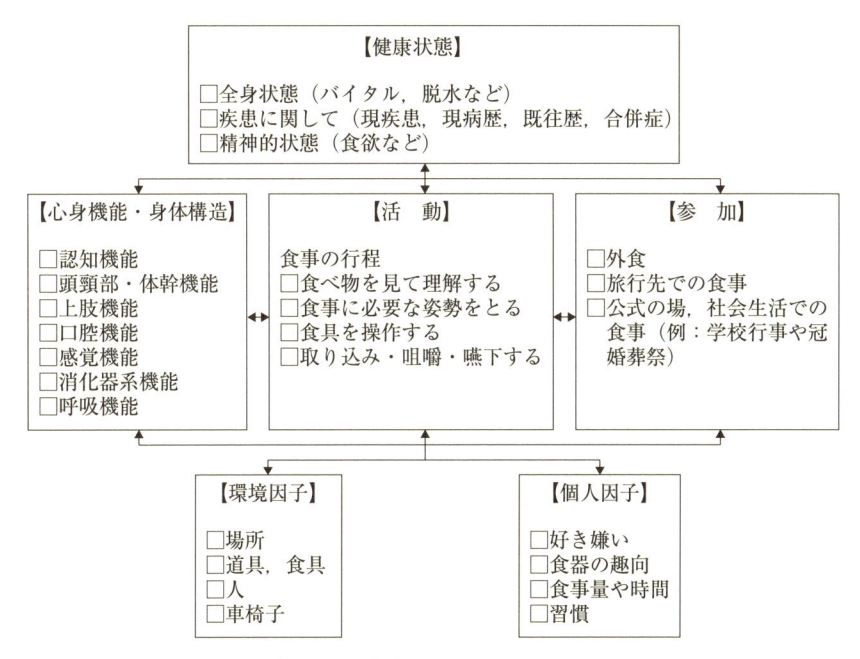

【参加】
- □外食
- □旅行先での食事
- □公式の場，社会生活での食事（例：学校行事や冠婚葬祭）

【環境因子】
- □場所
- □道具，食具
- □人
- □車椅子

【個人因子】
- □好き嫌い
- □食器の趣向
- □食事量や時間
- □習慣

図5-1　6領域の評価項目の内容（ICF（国際生活機能分類）を参考に作成）

	食前	移動	食事中	食後
共通	食欲をそそる雰囲気づくり 手洗い・清拭（せいしき） 排泄 配膳 服薬の確認	食卓へ移動	献立を理解する 水分を補給する 主食と副食を交互に食べる 量やスピードを調整する	下膳 口腔内洗浄（歯磨き・うがい） 残留物確認 服薬の確認 食事量の確認 安楽な姿勢
個別	食具の準備 エプロンの準備 義歯の装着 自助具の準備	（移動無し） ベッド上座位 ベッド上端座位 車椅子座位 臥位		エプロンを外す 義歯の洗浄

表5-1　食事の工程（執筆者作成）

3 「おいしく食べること」を支える介護

　先述のごとく，食事には栄養補給だけでなくおいしく楽しく食べるという目的がある。このため，人々の暮らしの中では美しく盛りつける，仲間と食卓を囲むなどさまざまな工夫がなされている。また，桜の下でお弁当を食べる，外食するなどいつもとは違う状況での食事はおいしさを倍増させる。このように，われわれが当たり前に行っている食事を楽しむ工夫は，さまざまな困難，制限がある対象者の介護においてはなおさら大切である。

① 献立（こんだて）に興味を持ってもらう工夫

　食事を楽しみに思えるよう献立を伝える。ある施設では1ヵ月分の献立を配布している。このような工夫があるだけで，自分の好きな献立を待ち遠しく思え，楽しい気分が味わえるかもしれない。その他，伝える方法には，皆の前で献立を読み上げる，個人的な会話の中で伝えるなどが考えられるが，後者がより自然である。その他，時には料理を選択制にする，リクエストに応える，バイキング形式にするなど，選ぶ楽しみを提供する工夫もおいしく食べるには大変効果的である。

② 食材や温度などの工夫

　旬の食材は，その味を楽しめるだけでなく季節感も味わうことができる。これが季節の見当識（けんとうしき）＊強化にもつながる。また，高齢者には，温かい物は温かく，冷たい物は冷やして食べたいとの思いがある。少し手間はかかるが，食べ物に合った温度を保ちたいものである。

　その他，盛りつけや部屋の明るさを工夫することがおいしく食べるには必要である。見た目の工夫は，思う以上に大切である。

③ 食具の工夫

　食具を工夫する理由は2つある。1つは，盛りつけや彩りを楽しむために食器の色や材質に配慮し，おいしさをより引き立たせるためである。もう1

＊　見当識：現在の自己，自己が置かれている状況についての認識。一般に時・場所・人を正しく認識しているか否かによって判断される。

第5章　自立に向けた食事の介護

つは，できる限り自分で食べられるよう援助するためである。多少手の動きは不自由でも，食べる順序や速さを自分の思うように調節して食べる。これがおいしく食べるために欠かせない要素である。もちろん対象者ができない動作を介助することは必要である。しかし，過介助にならぬよう，対象者の能力を見極めて援助しなければならない。自分で食べられるよう援助するには，箸，食器などの食具を適切に選択しなければならない。この時，市販の自助具*は非常に有効な道具だが，家庭の食器やスプーン，トレイなども食べ物や調理法に応じて選択すれば，十分に活用することができる。

　ある施設では，数種類の食具から料理と本人の能力に合わせて適した食具を選択しているところもある。可能であれば幾種類かの食具を用意し，食べ物，調理法と対象者の能力に合わせて選択できるようにしたいものである。

　なお，対象者の能力に応じて細かく対応できるよう，さまざまな種類の自助具が市販されている(図5-2)。すくうことが困難な人のための片側の縁が立ち上がった「すくいやすい皿」，握りが弱い人のための太柄スプーン，手の細かな動きが困難な人のための「ばね付き箸」などがある。個々の対象者に応じた食具を選択し適合させるには他職種のアドバイスを得ることが望ましい。

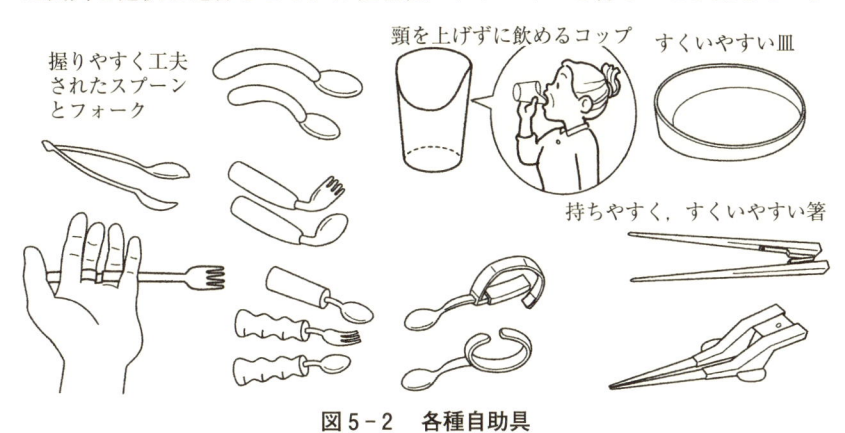

図5-2　各種自助具

④　場所の工夫

　普段の暮らしでは，食事場所と寝室は別であり，食事は家族とともに食べ

---

*　自助具：食事，整容，更衣，書字などの日常生活動作を容易にするための補助具。

ることが多い。できれば，施設においても居室ではなく，食堂で食べたいものである。食堂で食べる場合も，テーブルを教室のように配置するのではなく少人数に区分けして配置する，室温や音楽にも配慮するなど落ち着いた雰囲気をつくる工夫が必要である。一方，一人で食べるほうが落ち着く人もいることを忘れてはならない。対象者の生活歴や障害を考慮して個別に対応すべきである。

　⑤　時間の工夫

　食事の時間は，食事の開始時刻と時間帯の2つを考える必要がある。集団生活では食事の開始時間をそろえることが多いが，可能な範囲で個々の生活リズムに配慮して設定したいものである。また，食事に要する時間には個人差がある。特に，ゆっくり食べる人をせかさずにすむよう，食事時間帯は幅を持たせて設定したいものである。

　⑥　排泄時間の工夫

　食前に手洗いや手の清拭を行うことは当然である。加えて排泄をすませておくことを忘れてはいけない。排泄チェック表などを使い，対象者の排泄パターンを把握しておくことで，食事前の適切な誘導時間を予測できる。

　⑦　会話の工夫

　気の合う仲間との会話は食事のおいしさを倍増させる。時には，気の合う人が集まって食事をともにする機会，さらには職員も食事をともにする機会を設け，気軽に会話が弾む工夫をしたい。

　⑧　整容や後片づけの工夫

　義歯適合の善し悪しは，噛む力に大きく影響する。食前は義歯が上手く適合しているか確認し，食後は義歯の洗浄も忘れてはいけない。

　食事の後片づけをする場合，テーブルや床面などの環境の清掃だけでなく，衣服や車椅子にも目を向けたい。エプロンからこぼれた食べ物が服についている，車椅子の座面の隅に食べ物が落ち込んでいるなど，注意すべき点は多い。

　⑨　その他

　食事前は落ち着いた気分で過ごしたい。このため，食事前に苦痛を伴うような処置は避けるべきである。

4　安全で的確な食事介助の技法

　安全で的確な介助を行うためにICF各項目の何ができるのか，何ができないのかを把握する。そのうえで，できない部分を介助する。できることは，可能な限り本人が行えるよう道具や物的環境，人的環境を整えることが大切である。なおここでは，食事の流れを食事前・食事中・食事後に分けて介助

		食事前		食事中		食事後
				認知	口腔内	
椅子座位	手洗い清拭排泄必要物品の用意	椅子とテーブルの高さを調節する		献立や食べ物の理解を促す	主食と副食を交互に介助し，合間に水分補給を行う	手洗い安楽な姿勢口腔内洗浄
車椅子座位		車椅子とテーブルの高さを調節する。ブレーキをする	足底を床につけ，骨盤を安定させる			
ベッド上端座位		ベッドの高さを調整する		口にする前に食べ物を確認する	自分で取り込めるように待つ	
ベッド背上げ座位		背上げ後にベッドから背中を離す				
ベッド上30度背臥位		背上げ30度	枕で頸部を起こす		一口ずつペースを守る	
ベッド上側臥位			下になった側の上半身を安定させる		飲み込みを確認する	

表5-2　姿勢別介助方法（執筆者作成）

の技法を述べる。表5-2には食事中の姿勢別に介助方法の概要を示した。表中には側臥位(そくがい)による介助方法も示したが，可能であれば座位もしくはベッドを30度背上げした背臥位(はいがい)で食べるようにすべきである。これは誤嚥(ごえん)の危険性を低減させるとともに，視野を広げ食べ物を見やすくするためである。

(1)　食事前

　介助者は食事介助にふさわしい服装で，手洗いと排泄の介助を行う。移動が困難で洗面所まで行くことができなければ，おしぼりで手の清拭を行う。排泄後の尿器や便器は目の届かない場所に片づける。次に，介助に必要な箸

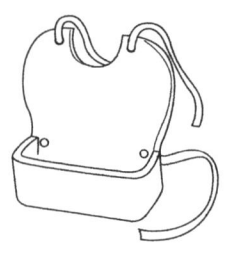

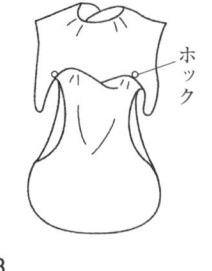

図5-3　ホック

やスプーンを用意する。スプーンは口の開き具合や口に入れる食べ物の量によって大きさを選ぶ。必要があればエプロンやナプキンを準備する。エプロンは敷き込む袖の長いタイプやこぼれた食べ物が入るようにポケットや折り返しがついたタイプがあり，必要に応じて使い分ける。

　配膳は食事の直前に行う。対象者によって食べ物の形態が異なることがあるので配膳時に注意する。もし，食前薬があれば与薬する。

　原則として食事時間に耐えることができる座位保持能力があれば，座位での食事介助を行う。しかし，対象者の座位保持能力はさまざまであり，能力の違いによって食事中の姿勢も異なる。以下には，能力に応じた食事前の姿勢準備を行う方法を示す。

①　椅子座位での介助

　椅子とテーブルの高さを調整し，足底を床につけ骨盤を安定させ，やや前かがみになった座位をとる。この姿勢をとることで，上体が安定し，食べるために必要な手や頸部の動きがスムーズになる。さらに，前かがみになることで口の位置が喉より下になり，食べ物が重力によって気管に入りにくく誤嚥の危険性が低くなる。

　高さの異なる椅子，テーブル，足台を用意しておくと，対象者に合わせた対応ができる。さらに，椅子は，座位の安定が悪い対象者のために肘置きのついた椅子を準備しておく。

椅子座位

車椅子座位

②　車椅子座位での介助

第5章　自立に向けた食事の介護

車椅子とテーブルの高さを調整する。椅子座位と同様に足底を床につけ，骨盤を安定させ，やや前かがみの座位をとる。そして，ブレーキをかけて車椅子を固定する。もし，上体が片側に傾く場合は枕やタオルを用いて上体を起こすと良い。

③　ベッド上端座位での介助

ベッドとテーブルの高さを調整する。この時も椅子と同様の座位姿勢をとる。

マットが柔らかい場合，座位が不安定になりやすいので注意する。もし，座位が不安定であれば，上体を支えるための福祉用具があるので導入すると良い。

ベッド上端座位ができるのであれば，椅子座位への変更を検討すべきである。

ベッド上端座位

④　ベッド背上げ座位での介助

ベッドの背上げ後には，背中や臀部の皮膚のずれが生じるため，対象者は動きにくい状態になる。さらに腹部の圧迫感が強く，食べるのに適した姿勢とはいえない。

そこで，背上げ後に背中をベッドから離して皮膚のずれと腹部の圧迫を軽減させる必要がある。背上げはベッドの種類により，座位をとった時に臀部がずり落ちないように，足上げ機能

ベッド背上げ座位

がついているものが多いのでこれを活用する。足上げ機能がなければクッションなどを用いて臀部のずれを防止する。このような方法で姿勢の準備をした後にオーバーテーブルを用意する。

⑤　ベッド30度背上げでの介助

誤嚥を防ぐためにはベッドの背を30度上げる必要がある。この時も，背上げ後に背中をベッドから離す。そして，枕やタオルなどで頸部を少し前屈し，顎が突き出た姿勢にならないよう注意する。

頸部を前屈することで，喉の奥の咽頭(いんとう)と気管に角度がつき，誤嚥の防止につながる。

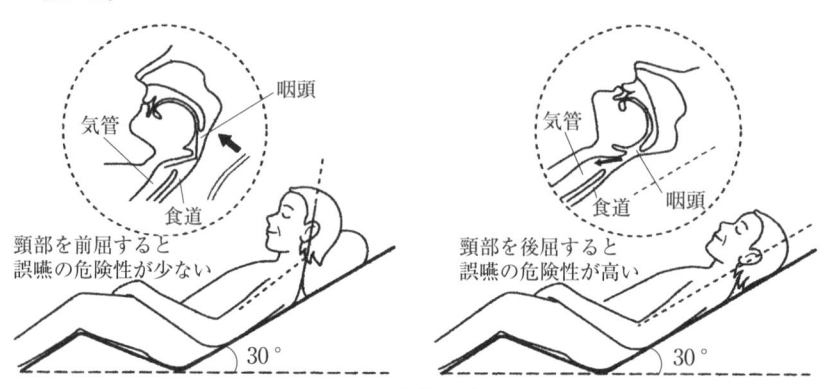

頸部を前屈すると
誤嚥の危険性が少ない

頸部を後屈すると
誤嚥の危険性が高い

ベッド30度背上げ座位

ベッド上側臥位

⑥ ベッド上側臥位での介助

咀嚼や嚥下に必要な頭頸部の動きを可能にするために，クッションやタオルなどを用いて下になった上半身を安定させる。麻痺(まひ)がある場合は麻痺側を上にすることで，姿勢が安定し食べ物も通りやすくなる。

(2) 食事中

① 対象者の目線に合わせて座る

対象者よりも高い位置で介助すると，対象者が上方を向かなければならず誤嚥の危険性が高まる。

対象者が椅子や車椅子に座っている場合は，利き手(き)

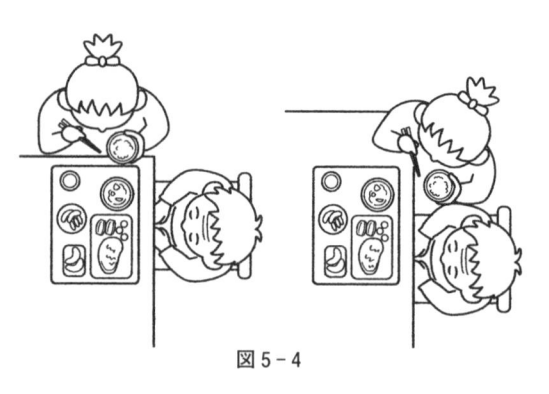

図5-4

側に座るか利き手斜め前方に座る。このほうが対象者の目線で食べ物を捉える(とら)ことができる（図5-4）。

② 今日の献立を伝える

前述の通り，献立内容を伝えながら介助する。

③ 水分を補給させる

食事を始める前に水分を補給することで，口が潤い(うるお)唾液(だえき)が分泌しやすくなる。自分で吸う力があればストローなどを，吸う力がなければ吸い飲みやスプーンを用いる。この時，ストローやスプーンが歯や歯茎に当たらないよう注意をはらう。吸い飲みを用いる場合，空気が入らないようにする。空気が入ると満腹感につながるためである。内容物は，熱傷の危険を避けるため適切な温度にする。

④ 口に入れる前に食べ物を目で確認させる

食べ物の種類や量がわからなければ取り込みの準備ができない。必ず，スプーンなどに載せた食べ物を目で確認させてから口腔内に入れることが必要である。

⑤ 主食と副食を交互に介助する

食べ物が偏らないように主食と副食を交互に介助し，その合間に汁物やお茶で水分を補給する。食べる順序，速さ，量，時間は，対象者の意思で決定できるように聞きながら介助する。

⑥ できるだけ自分で取り込めるようにする

箸やスプーンで食べ物を無理に口に入れ込むのではなく，口の手前で少し待つことで取り込めることがある。箸やスプーンで口の中に食べ物を入れる場合でも，すぐにぬき取るのではなく，舌の中央に置いて取り込みを待つことが必要である。どうしても取り込みができなければ介助者がぬき取るが，箸やスプーンを上方にぬき取ってしまうと誤嚥の危険性があるため，やや下方にぬき取る。当然，口に運ぶ時も誤嚥を防ぐために下方から入れる。

⑦ 一口ずつゆっくりとしたペースで飲み込みを確認する

時間内に食事を終わらせることを気にして，口腔内に食べ物が残っているにもかかわらず，次々と入れ込むことは絶対に避けるべきである。必ず，飲

み込みを確認してから次の介助を行う。
⑧ 口元が汚れたらナプキンで拭き取る

(3) 食事後

食器を片づけて,テーブルや椅子,服の汚れなどを取り除く。次に,手洗いと口腔内洗浄を行う。口腔内には食べ物が残っていることが多く,水分補給やうがいでは取れないことがあるため,食後には歯磨きの習慣をつける。歯磨きの時も,食事の姿勢と同様に頸部を少し前屈させる。義歯着用の場合は,取り外して洗浄する。もし,食後の薬があれば与薬し,薬が錠剤であれば口腔内に残っていないか確認する。これらの食後の介助が終われば,食事摂取量,時間,食事中に気づいた点などを記録し,安楽な姿勢で体を休めるように誘導する。臥位をとる場合は右側臥位が食べ物の通過に良いとされている。

5 対象者の状態・状況に応じた介護の留意点

(1) 感覚機能が低下している人の介護の留意点

① 口腔内の感覚機能低下

脳卒中後の片麻痺では,片側口腔内の感覚が麻痺していることがある。この場合,飲食物が麻痺側からこぼれることがあるため,麻痺がない側に食べ物を取り込めるよう介助する。もし,こぼれたらすぐに拭き取るよう心がける。嚥下を確認した後も,麻痺している側の頬内側に食べ物が残っていることがあるので確認する。

② 視覚機能低下

食べ物を確認することができない場合,イメージがつかめるように食事内容や調理方法,飲食物の温度を言葉で伝える。さらに,自分で食べることを促す場合には,食器に触

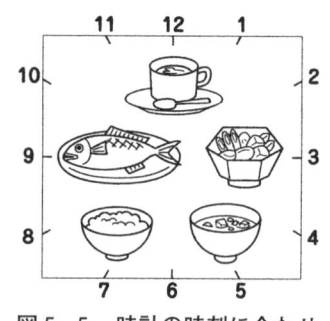

図5-5 時計の時刻に合わせた配置

れてもらい，食器の位置関係を把握できるように介助する。

　なお，食器の配置を毎回同じにするよう配慮すればおおよその食器の位置を覚えることができる。口頭で食器の位置を伝えるには「2時の方向に○○があります」など，時計の時刻を用いて表すと理解を得やすい（図5-5）。言うまでもないが，汁物が置いてある場合にはやけどに気をつける。

(2) 運動機能が低下している人の介護の留意点

① 咀嚼・嚥下機能低下

　嚙む，砕くなどの咀嚼が困難な場合は，柔らかく煮る，きざみ食にする，隠し包丁を入れるなどの工夫をする。きざみ食は咀嚼のみが困難な場合に選択する。食べ物をミキサーですりつぶす，ペースト状にするなどの調理をすることがあるが，嚥下が可能であれば，できるだけ食べ物の形を残した物を提供したい。

　舌の動きが悪いと，口の中で食べ物を嚥下するための大きさにまとめることが困難になる。この場合は，とろみをつける，柔らかくするなどの調理の工夫が必要である。

　嚥下機能に障害がある場合には，取り込んだ食べ物をいつまでも口腔内にためて，頸部を後屈させて流し込もうとする傾向がある。頸部を上げることは誤嚥につながる危険性があるため絶対にしてはならない。食べ物を柔らかくする，とろみをつけるなど嚥下しやすいように調理方法を工夫することも必要である。その他，誤嚥・窒息の防止のための日常生活の留意点の項目を参照していただきたい。

② 上肢の運動機能低下

　食事に必要な「握る」「手を伸ばす」などの動作が困難な場合，その機能を補うための自助具を用いると良い。特に，関節の痛みや変形があるリウマチ患者は自助具を用いることで食事が自立することも多い。

　脳卒中後の利き手が麻痺している場合は，非利き手で箸やスプーンを使う動作を繰り返し，利き手の交換を行うこともある。どちらの場合も，麻痺した側の手をテーブル上に乗せることで，上体が安定し座位姿勢を保ちやすい。

③ 体幹・下肢の運動機能低下

　筋力低下や柔軟性低下によって体幹・下肢の運動機能が低下し，食事に適した座位姿勢が困難となることがある。この場合，枕やクッションを用いて安定した座位が保てるようにする。適切に座位姿勢を整えるためには，リハビリテーションの専門職であるOT（作業療法士）やPT（理学療法士）にアドバイスをもらうと良い。

(3) 認知・知覚機能が低下している人の介護の留意点

　脳卒中や認知症などの脳の障害により，食べ物や食器の位置関係が認識できないことがある。食べ物が認識できない場合，食べ物の硬さ，形状，大きさなどを言葉で伝えることが必要である。食器の位置関係を認識できない場合には，食器の並べ方を工夫しなければいけない。また，食べ物と食器のコントラストに配慮して盛りつけることで食べ物の位置が認識できる場合もある。脳卒中によって片麻痺となった対象者の一部には，自分の麻痺側に位置するものを見落とすという症状が出現する。食器を認識できる側に置く，声をかけて麻痺側に注意を促すなどの対応が必要である。

　食事中に注意がそれてしまう場合には，余分な視覚刺激や聴覚刺激を避け食事に集中できるような環境設定が必要となる。

(4) 誤嚥（ごえん）・窒息（ちっそく）の防止のための日常生活の留意点

　飲食物を嚥下した際，食道に送り込まれず気管に入ることを誤嚥という。これは，嚥下に関係する運動や感覚の問題，意識の低下などが原因となって生じる。

　通常，われわれは誤嚥すれば咳き込み，異物を吐き出そうとするが，嚥下に障害があれば，吐き出せずに窒息する危険がある。さらに，誤嚥しても気がつかずに，食べ物が肺内にたまってしまい，感染を起こす危険性がある。

　誤嚥はさまざまな疾患で生じるが，高齢になれば嚥下のタイミングがずれやすく誤嚥を起こすこともあるので常に気をつけておかなければならない。以下に，誤嚥・窒息防止のために必要な4つの項目を示す。

第5章　自立に向けた食事の介護

① **覚醒**（かくせい）

覚醒が低いと誤嚥しやすいため，覚醒度をあげてから食事をとるようにする。特に，起床後すぐは覚醒が低い場合があるため注意する。

② **姿勢**

座位が最も安全である。座位をとることができない場合でも，ベッド上30度背臥位で行う。この時，頸部を少し前屈させることで誤嚥を予防する。頸部を上げた状態では，飲食物が気管に入り込みやすく，どのような姿勢であっても頸部を少し前屈させた状態で嚥下することが大切である。片麻痺の対象者を側臥位で介助する場合，麻痺がない側を下にしたほうが飲食物を嚥下しやすい。

③ **食べ物の形態**

魚や乳製品などの柔らかい食材を選択する。きざみ食は口腔内で食塊（しょっかい）を作りにくく，飲み込む時に喉の奥にひっかかるなどの問題点があり避けるべきである。ただし，嚥下に問題がなく咀嚼のみが困難な場合にはきざみ食が提案されることが多い。

水やお茶などの流動物はとろみをつけて嚥下しやすいように工夫する。吸い飲みによる介助では，量や温度の調整が必要である。口に入れる適量は，対象者に合図をしてもらうと良い。

嚥下しにくい食材は，粘り気が強すぎるもの，酸味や辛味が強いもの，湿り気がなく，ぱさつくものとされ，もち，のり，クッキー，酢の物，こんにゃくなどは避けたい。

嚥下障害がある場合，医師，看護師，リハビリスタッフと協働してアセスメントを行い，適切な食材を提供する。

④ **介助の仕方**

嚥下したことを確認して一口ずつ介助し，対象者本人の食べるペースを守る。決して介助者のペースにならないよう気をつける。その他，安全で的確な食事介助の技法に準じて行う。

⑤ **異物除去の方法**

食事中に突然苦しみだし，呼吸困難を呈しておれば，気道内に異物や食塊

が詰まった状態を疑う。以下に，気道内の異物を除去するための代表的な方法をいくつか列挙する。詳しい方法については救急法等の講習会に参加するなどして身につけていただきたい。

・咳をさせる

　咳ができるのであれば，連続して咳をさせる。

・背中を叩く（背部叩打法）

　頭を低くさせて，胸を手や大腿部で支え，左右の肩甲骨の間を迅速に連続して叩く（図5-6）。

　臥位の場合は，側臥位にして肩甲骨の間を叩く。

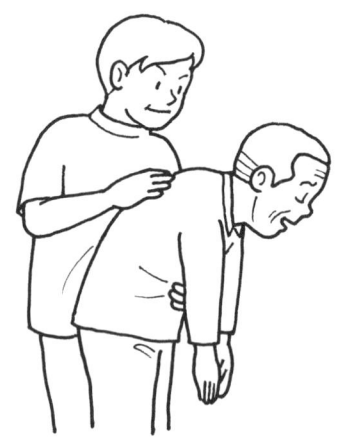

図5-6　背部叩打法

・胸腹部に圧迫を加える（上腹部圧迫法／ハイムリック法）

　後方から抱くように腹部上部の前で腕を組み合わせ，瞬間的に上腹部を強く引き締める（図5-7）。

図5-7　上腹部圧迫法

・指でかき出す

　横向きにし，口を開かせ，指にガーゼやハンカチを巻き，頬内側に沿って奥に入れ，取り出す。この時，食塊を喉の奥に押し込まないよう注意する。

(5) 脱水の予防のための日常生活の留意点

第 5 章　自立に向けた食事の介護

　脱水とは，体内の水分が不足した状態であり，生命にとって危険な状態といえる。高齢者は脱水状態でも口の渇きを訴えない場合もあるので，常に全身状態を確認し，いち早く脱水症状に気づくことが大切である。脱水を疑う変化を図 5-8 に示したので観察時のポイントとしていただきたい。また，脱水を予防するための注意点を以下に示す。

① 　一般に高齢者では，1 日の排泄量から予測すると 1500〜2000 ml 前後の水分補給が必要とされている。夏に汗を多くかく場合は，より多くの水分補給が必要になるので，季節や部屋の状況により補給量に多少の変化をつける。
② 　献立の中に水分の多い食べ物を用いるように工夫する。
③ 　いつでも飲めるようにベッドのそばにコップや水筒を置き，少量を頻回に補給する。
④ 　高齢者は夜間の排泄を気にするため，夕飯後の水分補給を嫌がることが多い。その場合には，水分補給の重要性を伝えることや夕飯までに多めの水分補給をしておくことが大切である。

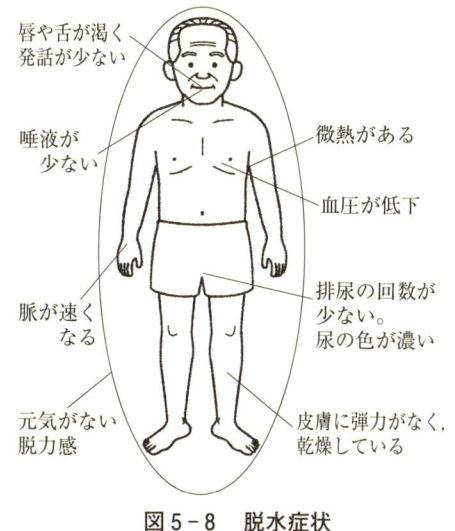

図 5-8　脱水症状

（症状ラベル：唇や舌が渇く　発話が少ない／唾液が少ない／微熱がある／血圧が低下／脈が速くなる／排尿の回数が少ない。尿の色が濃い／元気がない　脱力感／皮膚に弾力がなく，乾燥している）

6　他の職種の役割と協働

　前述のごとく，対象者の問題を解決するには詳細な分析能力を有する専門職種の協力が必要である。つまり，各職種の専門性を理解し情報を交換することが，対象者の問題解決につながる。例えば，健康状態の理解には医師や看護部門との協力が必要であり，心身機能・身体構造と活動の理解には，リハビリ部門との協力が必要である。医師からは疾病に関する情報や食事制限

の内容，嚥下に関するリスク，嚥下に適切な食べ物形態などの情報を，看護部門からは日々のバイタルサインや健康状態の変化に関する情報を得る。そしてリハビリ部門からは姿勢や嚥下機能，上肢機能，認知機能，対象者に適した椅子やテーブル，自助具などの情報を得る。これらの情報を得ると同時に，介護に携わる者は日々の介護場面での対象者の様子や気づいたことを各職種に伝えるべきである。

　一般的に介護職は他のどの職種よりも対象者とかかわる時間が長い。このため，対象者だけでなく家族や環境など，さまざまな変化に気づける立場にある。だからこそ，感じたこと，気づいたことを他職種に伝えたいものである。「介護行為は観察から」ともいわれるように細かな変化をキャッチし，そして伝えることの繰り返しが日々の協働を可能にし，自身の介護技術を高める。ひいては対象者の本来的なニーズである，きめ細かで質の高い介護の提供につながるのである。　　　　　　　　　　　　（横井賀津志・高畑進一）

参考文献

(1) 上田敏, 大川弥生編『リハビリテーション医学大辞典』医歯薬出版, 1996年。
(2) 大川弥生『介護保険サービスとリハビリテーション―ICFに立った自立支援の理念と技法』中央法規出版, 2004年。
(3) 市川洌編『ケアマネジメントのための福祉用具アセスメント・マニュアル』中央法規出版, 1998年。
(4) 加藤武彦, 黒岩恭子編『口から食べたい口腔介護Q&A』医歯薬出版, 1998年。
(5) 小濱啓次編著『救急マニュアル―救急初療から救命処置まで』医学書院, 2005年。
(6) 日本嚥下障害臨床研究会編『嚥下障害の臨床―リハビリテーションの考え方と実際』医歯薬出版, 2000年。
(7) 介護職員基礎研修課程テキスト『介護におけるコミュニケーションと介護技術』日本医療企画, 2007年。
(8) 太田仁史, 三好春樹『完全図解　新しい介護』講談社, 2003年。
(9) 障害者福祉研究会編『国際生活機能分類―国際障害分類改定版』中央法規出版, 2002年。

# 第 6 章
自立に向けた入浴・清潔保持の介護

　入浴は対象者の身体の清潔の他，新陳代謝の促進，浮力や水圧を利用することでのリハビリ効果も期待できる。そして何より，爽快感を得ることが，闘病意欲や生きる意欲につながることも対象者のQOLの向上への援助として大切な要因となる。また，介護者側からすれば，入浴援助は皮膚の観察やコミュニケーションの絶好の機会でもある。本章では入浴の意義と目的を理解し，ICF（国際生活機能分類）の視点からアセスメントし，対象者の個別性に応じた入浴援助方法について学ぶ。

1　入浴の意義と目的

(1)　入浴の意義

　入浴は，皮膚からの老廃物を排除し「清潔」を保ち，皮膚の働きを良くする。また「温熱効果」により，新陳代謝を促進させ，自律神経のバランスを整える。「浮力効果」により，心身をリラックスさせたり，麻痺側の手足の機能回復訓練を図ることもできる。また「水圧効果」による身体のマッサージも期待できる。

①　清潔とは

　清潔とは，一般的に衛生的で汚れがない状態を指す。ここでの清潔とは，入浴によって皮膚からの老廃物である汗や皮脂，落屑，垢といった汚れを排除し，身体の清潔な状態を保つことを意味する。

②　清潔の意義

　清潔は，単に汚れを落とすという目的だけでなく，一日の疲れを落とし，

心身をリラックスさせ明日への活力を生む。また，清潔にすることは，社会の一員として生活を営むために欠かすことのできない礼儀でもある。そして，人間としての尊厳を保持し，自信にもつながる深い意義を持つものである。

(2) 入浴の目的

入浴の目的は，皮膚の清潔を保ち，皮膚の機能保持を行うことである。また，血行を促進させることで，筋肉の活動によって生じた乳酸やその他の代謝産物を除去し，疲労回復や心身を爽快に保つ目的もある。入浴は身体的な効果のみならず，気分転換にもなり，闘病意欲の向上にもつながる。

介護者にとっては，褥瘡（床ずれ）や発疹といった皮膚の変化を観察する機会となるだけでなく，入浴を介して，対象者とのコミュニケーションを深めるという目的もある。

2 入浴に関する対象者のアセスメント（ICF）

(1) 基本的な考え方

ICFの視点から下記の事例を参考に，「介助により入れてもらう入浴」から主体的に「自分の力で入る入浴」となるよう努めなければならない。

(2) 事例検討

> Aさんは88歳女性，一人暮らし。浴槽に湯をためている最中に誤って浴槽の中に両手をつけ，Ⅱ度の熱傷と診断された。植皮術により皮膚は回復したが，1ヵ月あまりのベッド上の生活により，下肢筋力が低下した。加えて熱傷により，自宅での入浴に対して恐怖感を抱いている。

Aさんの生活構造を分析してみると，
① 「心身機能」
1) 熱傷により皮膚が回復過程にある。
2) 下肢筋力の低下がある。

3) 入浴に対し恐怖感を持っている。

このため，今までは介助の必要がなかったが，退院後は入浴時の介助が必要となる。

② 「参加」
退院後からほとんど外出することがなくなった。
③ 「背景因子」
1) 住宅改修を終え，段差の解消や手すりの設置を行っている。
2) 主介護者は近隣に住む娘である。

このままの状態では，自宅での生活が困難になるという問題があるが，本人は自宅で暮らしたいという強い思いを持っている。「心身機能」へのアプローチとして，下肢筋力を高めること，本人は自宅での入浴に恐怖感を持っているので，通所サービスなどを利用し，入浴を行い，恐怖感を抱かせないということが考えられる。また，入浴の機会を確保することで皮膚の回復を促す。「参加」へのアプローチとして，通所サービスの機会を通じ，社会参加と歩く機会を増やすことが挙げられる。このことは，同時に体調管理にもつながる。

このように，通所サービスを利用し，安心して入浴を行いながら，活動量を増やし，下肢筋力をつけ，娘と旅行に行くなどの楽しい目標をかかげながら，順次自分でできることを増やしていくという介護計画を進めていく。

3　爽快感・安楽を支える介護の工夫

「認知症高齢者の問題行動」を調査した研究により，老人ホーム入所中の認知症高齢者の10～20％が，叩く，蹴る，嚙むといった攻撃行動を示していた。これらの攻撃的行動は，日常生活の援助をしている介護場面だけでなく，入浴時に最も多くみられることが明らかになっている。入浴時に攻撃的行動に出る認知症高齢者は，その抵抗のために，強制的に入浴させられたり，延期になったりした。

このように認知症高齢者は，知覚障害や精神障害のために，介護の必要性が理解できなかったり，自分の要求を正しく表現することができないという

能力の欠如から，痛みなどの身体的問題があっても，それを確実に伝えることができない。ホーガス（Horgas）とツァイ（Tsai）（1998）の研究により，認知症高齢者は他の高齢者に比べて，鎮静剤を投与する程度が極めて少ないという結果が明らかになっている。関節痛を持つ高齢者が，その痛みを抱えたまま入浴するとしたら，更衣や浴槽に入ること，タオルを用いて洗うことといったすべてに痛みが伴い，トラウマにつながる可能性もある。痛みは5番目のバイタルサインともいわれるほど重要なものであり，現に，いくつかの研究では，痛みと抑うつとの関係も指摘されている。

　また，高齢者の視覚障害も入浴時の不安につながる。入浴する機会が多い昼間の浴室の状況を想像すると，窓から差し込むまばゆい光の影響，目の前に立ちこめる湯気，濡れて不安定さを感じさせる足元など，これらは不安を増強させる要素であると考えられる。また，まばゆい光の影響で高齢者はしばしば羞明（まぶしがり症）を起こす。加えて，高齢者は低体温である。成人の平均体温が36.5℃であるのと比較すると，高齢者は0.2～0.5℃も低い。また，認知症高齢者は，他の高齢者よりも，体温が低いことが明らかになっている。このような高齢者にとって，衣服を脱ぎ，短時間でも寒さを感じさせる入浴という行為は不快な体験になる危険性をはらんでいる。

　しかし前述したように，入浴には多くの効用があり，高齢者の健康にとって，入浴は欠かせないものである。入浴をいかに爽快に，そして安全，安楽に提供するかが，私たち介護職の力量といえる。高齢者にとっての入浴阻害要因を考慮し，高齢者が入浴を楽しめるような環境を整えるためには，まずは高齢者の加齢変化を理解し，その特性からくる不安を軽減させるような援助が必要である。

4　安全・的確な入浴・清潔保持の介護の技法

(1)　入浴

① 入浴の効果

第6章 自立に向けた入浴・清潔保持の介護

身体を清潔にするために，最も効果的なのは入浴である。入浴は，皮膚の清潔を保つことにより，皮膚・粘膜その他体表面の機能を正常に保ち，感染を予防する働きがある。また，身体面だけでなく，精神面には爽快感やリラクゼーション効果をもたらす。

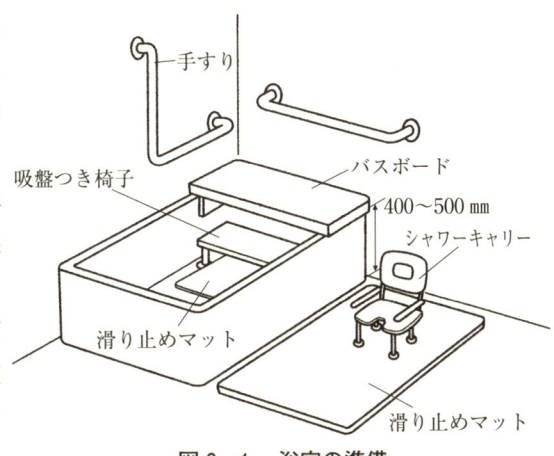

図6-1　浴室の準備

しかし反面，入浴時に湯につかることで皮膚血管が収縮し，一時的に血圧が上昇する。入浴初期の血圧上昇は，湯につかって2分間でおよそ20～30mmHg，高血圧に罹患している人なら50mmHgも上昇する。このような血圧の変動は心臓にかなりの負荷をかける。また，身体の表面に水圧が加わり，血管やリンパ管が圧縮される。入浴時，首までつかると心臓が動悸をうったり呼吸が苦しくなったりするのはこのためである。これらのことから，心臓に疾患を持つ高齢者には特に配慮が必要である。また入浴によって胃腸の血管が収縮することで血流量が少なくなり，胃液の分泌が減る。そのため，食直後の入浴は，消化を悪くさせる。

また，湯につかることで浮力が生じ，それにより，自分の体重が軽く感じられ，筋力低下や麻痺，拘縮のある高齢者にとっては，普段動かしにくい部位を動かすことができるなどの利点がある。

しかし反面，浮力により体重の軽い高齢者などは転倒や溺死につながりかねない。このように，入浴を提供するにあたっては，長所と短所を考慮し，それぞれの高齢者に適した「安全で的確な入浴の目的」が達成できるよう，配慮し，工夫することが必要である。

② **高齢者が入浴をする際の注意事項**
1) 観察

103

高齢者の状態を観察し,「いつもと様子が違う」と感じた時には入浴の可否を判断できる医師にその様子を伝える。普段から身近にかかわっている介護職の「いつもと違う」という感じ方は，重要な異常の早期発見につながることがある。

2）　入浴前の準備

体温保持のため，冬季などは特に，入浴時間を気温の高い昼間の時間帯に設定する。また，入浴時は，脱衣場や浴室に隙間風が入ることがないかを確認するとともに，脱衣場と浴室（24 ± 2℃）の気温差を少なくする。

また，湯の温度については，それぞれの好みの湯加減にするのが良いが，温度が高すぎると身体にかける負担や消耗が大きくなるため，39～40℃に調整する。39～40℃は身体の中でも温度の高い脳や肝臓とほぼ等しいか，＋1℃であるので，身体に与える温度刺激が少ない。高血圧に罹患している対象者や病後久しぶりに入浴する対象者，入眠効果を期待する時などは，特にこの温度が適温である。湯加減を見る時は，上下の湯をしっかりと混ぜ合わせ，温度計で測定をする。温度計を準備していない場合は，介護者の腕を肘まで湯につけて適温かどうかの判断をする。

このように温度計がない場合でも湯加減をみることができるように，普段から訓練をしておくことも大切である。また冬季は，湯が冷めることも考慮に入れ，1℃高い湯の準備をしておく。また入浴前に，必要となる物品は準備，点検されているか，排泄はすませたかについても忘れず確認をする。

3）　入浴中の留意点

入浴時間は15分程度とし，湯量は横隔膜の位置が良い。入浴時間帯は食直後と空腹時を避け，食後1時間を経過した後が望ましい。また降圧剤を内服している高齢者の場合は，血圧の急激な下降を来たす危険があるため，服用直後は避ける。湯を身体にかける時には，血液循環を配慮して，心臓より最も遠い足元から少しずつかける。浴槽を出る時，温度差による血圧変動によって，めまいを起こす場合がある。高齢者が転倒しそうになった時に手すりを把持できるよう，支える手足の石鹸は，速やかに洗い流しておく。また浴槽内や浴室内の滑りやすい箇所には滑り止めのマットを敷き，あらかじめ

第6章 自立に向けた入浴・清潔保持の介護

手すりをつけるなどの工夫をしておく。

また，入浴時は高齢者の身体を観察する大切な機会となる。皮膚に発疹や傷はないか，この機会を利用して観察する。また認知症があり，ほとんどのことが判断できない状態にあっても羞恥心(しゅうちしん)を考え，スクリーンやタオルで隠し，不必要な露出を避ける。

4) 入浴後の留意点

入浴後は，使っていたタオルを洗い，絞(しぼ)って，ひとまず浴室で水分を除去する。その後，バスタオルで覆(おお)い脱衣場に移動し，速やかに身体についた水分を完全に拭き取る。身体についた水滴は，それが蒸発する時に体温を奪うので，放置しておくことは湯冷めにつながる。入浴後は高齢者の状態に異常はないか観察をする。また発汗によって血液の粘稠度(ねんちゅうど)が増すため，水分補給を促す。

(2) シャワー浴

① シャワー浴の選択

入浴をするには消耗が大きいと判断される場合や，浴槽に入ることが困難な場合はシャワー浴が適している。

② シャワー浴の注意事項

入浴前の準備は入浴と同じであるが，高齢者にシャワーの湯をかける時には，それが適温かどうか，あらかじめ介護者の手で温度を確認をしたうえで行う。また，湯をかける時には，ひと声かけて行い，恐怖感や不安感を抱かせないように配慮する。また，肩に大きめのタオルをかけ，そのタオルに湯をかけ，足元は大きめの洗面器に湯をため，足をつけるなどをあわせて行うことで，全身が温まり，シャワー浴といえども，入浴したような気分を感じることができる。

(3) 全身清拭(せいしき)

① 全身清拭の選択

入浴やシャワー浴では消耗が大きいと判断される場合は，清拭によって清

潔を保つ。清拭には以下のような目的がある。
1) 皮膚表面についている垢や汚れを取り清潔にする。
2) 清拭により皮膚を摩擦することで，血液循環を良くする。
3) 爽快感を与える。
4) 清拭時には皮膚の異常や全身の観察をする。
5) 清拭を対象者と介護者のコミュニケーションの機会にする。

② 清拭の準備

以下の物品を用意する。

1)バケツ2個（湯を入れる物，汚水を入れる物），2)洗面器1個，3)ピッチャー（湯を汲む手桶でも良い）1個，4)バスタオル1枚，5)フェイスタオル1枚，6)小タオル1枚，7)タオルケット1枚，8)石鹸，9)温度計，10)新聞紙

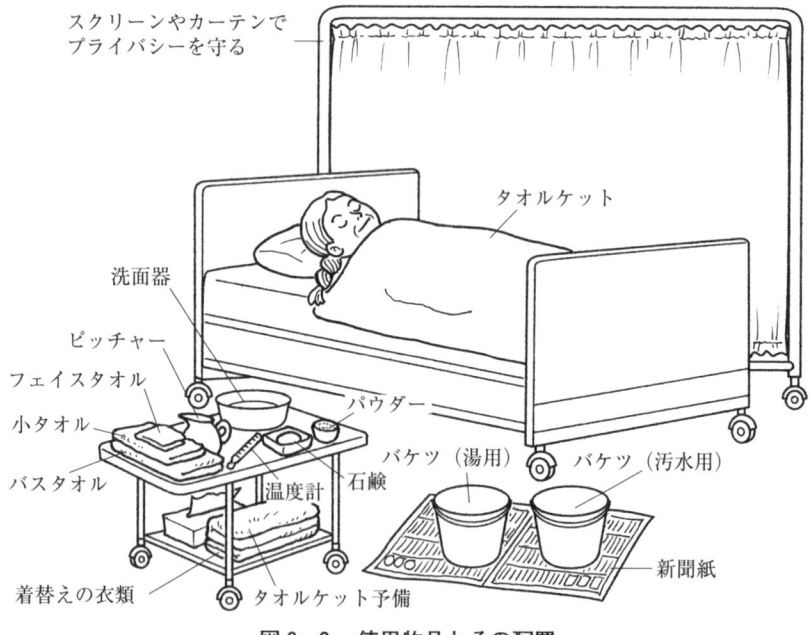

図6-2　使用物品とその配置

③ 清拭の留意事項

1) 高齢者の状態を観察する。「いつもと様子が違う」ことはないか。

第6章　自立に向けた入浴・清潔保持の介護

2) 室温は24±2℃にし，隙間風はないか確認をする。高齢者が寒さを感じる時には，タオルケットの上から毛布をかけるなどして保温に工夫をする。
3) スクリーンやカーテンを利用し，差恥心を最小限にする。
4) 排泄をすませる。
5) 湯の温度は60℃くらいが最適である。しかし，後で使う湯は，準備中に冷めることも考慮し，70℃程度を準備する。あるいは，熱めの湯を準備しておき，たし湯をする。
6) 小タオルは洗う時に使用し，フェイスタオルは清拭の際，皮膚の湿気を取るための押さえ拭きに使用する。小タオルは利き手に巻き，顔→耳介→頸部→両腕→腋の下→胸部→腹部→両足→背部→臀部→陰部の順序で清拭を行う。拭き方は，関節部分を大きく支え，末梢から中心部にかけ平均した適度な力で行い，不必要な露出は避け，手早く行う。

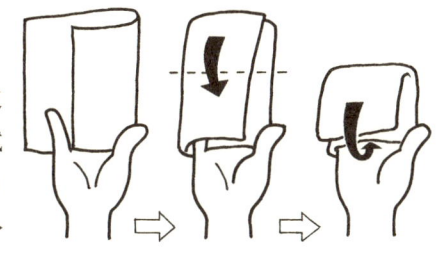

内側にタオルの端を入れこみます
図6-3　小タオルの巻き方

7) 石鹸はよく泡立てて使い，石鹸をつけたところは十分にすすいだタオルで2～3回拭き取る。しかし高齢者は皮膚が脆弱であるため，力を入れ擦り過ぎないことや，石鹸を使うことで皮脂を除去しすぎてしまうと，乾燥やかゆみの増強につながるため注意を要する。

④ **各部の清拭手順**
1) 顔
　始めに，石鹸をつけずに目の周りを目頭から目尻に向かって拭く。次に額，頬，鼻，口の周り，耳や耳の後ろを拭く。
2) 両上肢
　肘関節を保持しながら，手首から

腋の下に向かって拭く。汗をかきやすい腋の下は丁寧に拭く。

　手の指の間や指の関節が拘縮により、変形している場合は、タオルで包み温めながら、少しずつ無理をしないように汚れを落とす。

3）　胸部・腹部

　乳房や腹部の皮膚の軟らかい部分は、円を描くように軽く拭く。腹部は腸の走行に沿って「の」の字を書くように拭く。

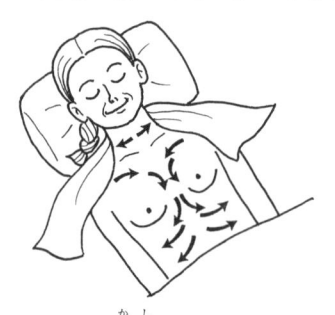

4）　両下肢（清拭→足浴）

　膝を立て、かかとを把持し、足首から膝、膝から大腿部の付け根に向かって適度な力を加えて拭く。両下肢を清拭した後は、足浴を行う。膝関節の下に支えになるような枕を入れ安定させる。足元に防水シーツを敷き、その上にバスタオルを敷き、足浴用の洗面器を置く。容積を考え、湯は洗面器の2

分の1程度を用意し，温度は 40 ± 1℃ とする。足指の間や足の甲は汚れやすいので，しばらく湯の中に足をつけ，汚れを取りやすくしてから洗う。洗った後は，水分をよく拭き取る。

5）背部・臀部

背部や臀部を拭く時には，側臥位(そくがい)になってもらい，清拭しない部分はバスタオルをかけておく。背部は冷感を鋭敏に感じる部位であることや，寝たきりの対象者の背部や臀部は常に圧迫を受け血液循環が悪くなっているので，蒸しタオルで背部を覆い温める。しばらく温めた後に，臀部から脊柱(せきちゅう)に沿って肩に向かって拭く。拭いた後は皮膚が乾燥しやすいため，すぐにバスタオルで押さえるようにして水分を取る。

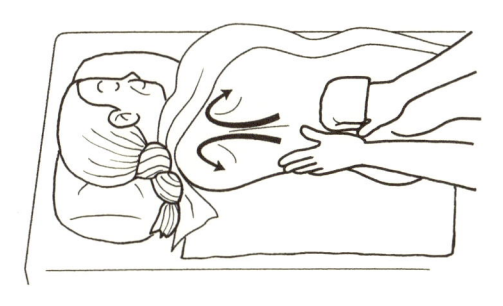

6）陰部（清拭）

陰部清拭の場合は専用のタオルを用い，陰部を前から後ろに向かって拭き，肛門部は最後に拭く。特に女性の場合は前から後ろに向かって拭くことで，尿路感染や性器への感染を防止できる。

自分でできる対象者には，絞ったタオルを渡し，自分で拭いてもらうが，一度使用した面では拭かないように指導する。

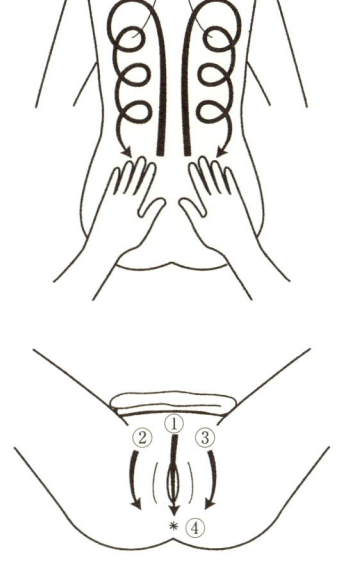

7）陰部（洗浄）

ポータブルトイレに移乗できる対象者には，排泄(はいせつ)時にポータブルに座ったままで陰部洗浄を行う。清潔や羞恥心の面からも望ましいことである。

38〜39℃の湯を陰部洗浄用のボトルに準備する。陰部洗浄用のボトルがなければ，ペットボトルの蓋に湯が出る穴を開けたり，洗剤のボトルを再利用して使用する。感染予防のために介護者は必ず手袋をし，2面の接している陰唇，陰茎，陰嚢，肛門などを前部〜後部に向かって丁寧に洗い，汚れが残らないようにする。

(4) 部分浴

① 部分浴の選択

入浴やシャワー浴では消耗が大きいと判断される場合は，部分浴によって清潔を保つ。

② 部分浴の手順

1) 手浴

手足は汚れやすいため，部分的に湯につけて洗うことで，清潔を保持することができ爽快感が得られる。手浴の際には，寝具や寝衣を濡らさないよう，防水シーツ，その上にバスタオルを敷き洗面器を置く。手をつけることを考えて40℃前後の湯を準備する。容積を考え，手をつけた時に湯が溢れない量にする。寒さを感じないよう，不必要な露出は避け，バスタオルで覆って保温をする。手指の間は特に汚れが溜まりやすいので，石鹸をつけて丁寧に洗う。麻痺のある対象者は，手をしばらく湯の中につけてもらい，動かしやすくしてから，少しずつ指を開いて洗う。爪を切る前に手浴をすることで，爪が切りやすくなる。

(5) 洗髪

① 洗髪の目的

第6章　自立に向けた入浴・清潔保持の介護

1) 毛髪や頭皮に付着している皮脂や垢，汗といった汚れを除去し清潔にする。
2) 清潔にすることで感染を予防する。
3) 頭皮をマッサージすることで，血液循環を良好にし，毛髪の成長を助ける。

② 洗髪の準備

以下の物品を用意する。

1) バケツ2個（湯用，汚水用），2) ピッチャー（手桶）2個，3) ケリーパッド1個，4) 防水シート，5) バスタオル1枚，6) フェイスタオル1枚，7) ウォッシュクロス1枚，8) 洗面器1個，9) ガーゼ1枚，10) 温度計，11) 洗髪セット（ヘアシャンプー，ヘアリンス，ヘアブラシ，ヘアドライヤー，鏡，紙袋，耳栓用綿球）

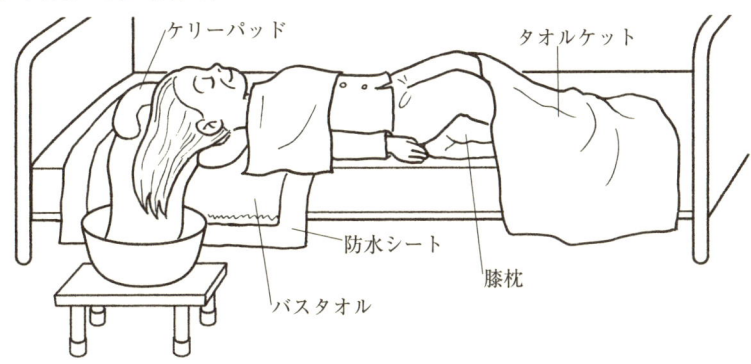

図6-4　新聞紙を用いたケリーパッドの作り方

新聞紙2枚程度をバスタオルでくるみ，ビニールで包む

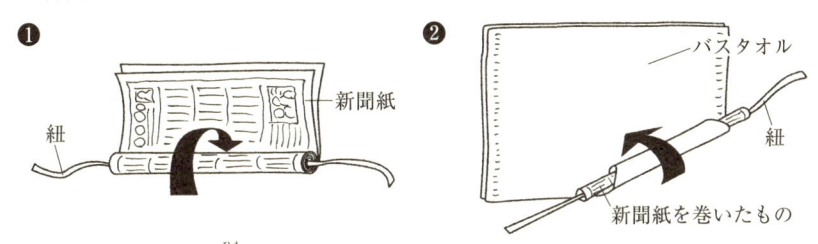

❶ 新聞紙を2枚重ね，腰紐ぐらいの紐を握り巻いていく。

❷ バスタオル1～2枚の上に❶を斜めに置き，巻く。馬蹄形にする。紐の端どうしを結ぶ。

❸ ビニールのふろしきや袋

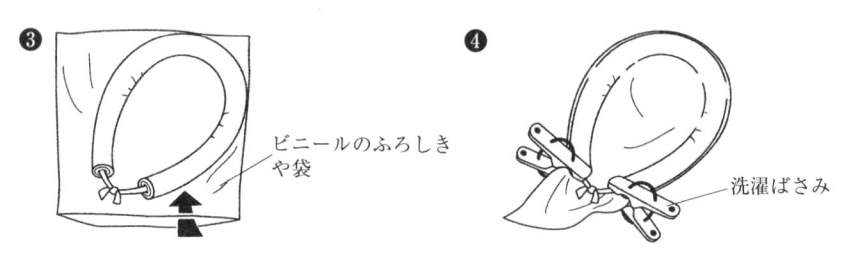

ビニールのふろしきや袋に，馬蹄型にして入れ，余分を折り込んで裏返す

❹ 洗濯ばさみ

固定するために，表側の流水溝を洗濯ばさみでとめる。大きめの洗濯ばさみならより良い

③ 洗髪の手順と留意事項

1) 対象者の状態を観察する。「いつもと様子が違う」ことはないか（顔色・表情など）。
2) 室温は 24 ± 2℃ とし，隙間風は入ってこないかを確認する。
3) スクリーンやカーテンでプライバシーの保護をする。
4) 対象者の頭部をベッドの手前に斜めに向ける。
5) 襟元を緩め，フェイスタオルを首にかける。
6) 背部の襟元にはケリーパッドを置き，その下にバスタオル，防水シーツを敷く。
7) 2つ折りにしたガーゼのハンカチなどで顔を覆う。
8) 洗髪を行う。毛髪を広げ，湯を介護者の手に沿わせながら，全体にかける。湯の温度の加減を聞く。
9) あらかじめ湯煎によって温めておいたシャンプーを手に取り，毛髪と頭皮に指頭で擦りつけながら洗う。強く擦りすぎて頭皮を傷つけたり，頭部を動かし過ぎないようにする。洗う方向は頭頂部に向かって洗い，分け目のある部位は毛根の方向に沿って洗う。
10) ブラッシングをし，抜け毛を取り除く。
11) 汚れがひどい時は，一度簡単に洗い，その後再びシャンプーをつけ，二度洗いをする。
12) 耳に介護者の手をあて，対象者の耳に水が入らないように注意する。
13) シャンプーを十分に洗い流した後，ヘアリンスを毛髪全体に行き渡らせ，軽くゆすぐ（リンスインシャンプーなら，この手順は省くこと

ができる)。
14) ケリーパッドを片方の手で取り外し，頭を静かにバスタオルの上に下ろす。
15) 頭部をできるだけ揺らないように水分を拭き取る。
16) バスタオルの上で髪の毛を広げ，ドライヤーで乾かす。ドライヤーをかける時は，髪とドライヤーの間に手を添え，直接熱風が頭皮に当たらないよう注意する。

5　入浴中の不安を低下させるために

　ここでは，アイオワ大学老年看護介入研究センターが開発した「入浴中の不穏(ふおん)を低下させるためのプロトコール（手順）」を紹介する。このプロトコールでは対象者に落ち着いた入浴環境を整えることと，そのための対象者とのコミュニケーションテクニックに焦点を当てている。以下にプロトコールの項目を引用し説明する。

(1) 第1段階：対象者の過去の入浴状態と身体的状態を理解する

① 介護者は対象者が家庭でどのように入浴していたかの情報を得ておく
　対象者はこれまでの長い人生の中で，入浴に対する習慣や好みを持っている。これらの情報を収集し，できるだけ尊重することで，入浴に対する不安が軽減する。

② 個々人の入浴の好みを，カルテの「入浴記録」に記入する
　上記で得られた情報は，カルテに記録し入浴にかかわるすべてのスタッフが共有できるようにする。情報の共有は対象者の満足につながる。

③ プライバシーに配慮する
　どのような状態の対象者にも，プライバシーの配慮は重要である。たとえ後期高齢者であっても，認知症であっても羞恥心に変わりはない。

④ 入浴者の身体的要因を考慮する
　高齢者はさまざまな身体的な問題を抱えている。関節痛や神経痛といった

痛みがある，片麻痺がある，低体温であるといったことを考慮しなければならないことが多い。入浴をするうえで障害となるさまざまな身体的問題に対し，適切な対応を行いながらの入浴となる。

　⑤　入浴中は急がないことが肝心である

　高齢者は普段から，視聴覚機能の低下や敏捷性(びんしょう)の低下，動作緩慢(かんまん)などがみられ，転倒リスクは高い。まして，床面が濡れ，湯気がこもり視界の悪い浴室ではなおさらである。このような状況下での介護者の焦(あせ)りは，対象者の事故につながる。

(2)　第2段階：相手の気持ちになり，話をよく聞く

　入浴に抵抗するにはそれなりの理由がある。抵抗するのは風呂嫌いな人と，勝手に決めつけるのは尚早(しょうそう)である。入浴拒否の本当の理由を知らないと，対象者のニーズに沿った適切な援助につながらない。

　①　介護者の動作やその理由を説明する

　入浴中に行う動作の一つひとつに，必ず声をかけたり説明をしてから行うと対象者は驚かない。

　②　入浴を意味づけする

　対象者が入浴を嫌がるようであれば，行事や来客に理由づけをして，楽しい方向に気持ちを向けさせ，気分転換を図りながら入浴につなげる。

　③　選択肢を与える

　誰しも，自分の思うように行動することは非常に気持ちの良いことである。入浴においても「脱衣は自分でされますか」と尋ね，対象者に選択の機会をつくることも一策である。

　④　強制しない

　強制は最も避けたい事柄である。認知症高齢者は重度の記憶障害があるものの，不快な体験や感情は覚えていることも多い。入浴＝不快な行為と結びついてはならない。

　⑤　細かいステップを伝える

　入浴中の動作は，細かく細分化し声をかける必要がある。顔を洗う際にも，

1)洗面器にお湯を汲む，2)手を濡らす，3)石鹸を泡立てる，4)顔につける，5)石鹸を洗い流す，といったように細かく声をかけることにより，混乱を避けることができる。

⑥ ひと呼吸おく

高齢者は若者に比べて反応時間が遅く，ゆったりとした時間の中で生活を送っている。私たちが何か話しかけた時にも，その指示を理解し行動に移すまでには時間を要する。このような時には，介護者も焦ることなく，また対象者を焦らせることなく，ひと呼吸置くという気持ちが大切である。

⑦ 依頼を言い換える

介護者が伝えたいことを対象者が理解できていない時は，依頼したいことを同じ言い方で繰り返すのではなく，言い方を変えたりジェスチャーを加えたりする。

⑧ 気晴らしをする

対象者が全く入浴を受けつけない時は，入浴から気分を転換し，好きな花の話をしたり，好きな色のタオルや香りの石鹸を使って，しばし気晴らしをすすめるのも方法である。

⑨ 賞賛と安心感を与える

対象者が協力的であり，入浴がうまく終わった時には，感謝の言葉と褒め言葉を忘れない。認知症高齢者は介護者の伝えたいことが理解できない状況にあっても，介護者の気分や気持ちは理解できていることが多い。普段から，介護者が穏やかな気持ちで接することが，対象者のQOLにもつながることをいつも忘れてはならない。

(3) 第3段階：入浴環境を整える（入浴を楽しむための環境づくり）

浴室の環境を整えるには，対象者の加齢変化を押さえなければならない。対象者は低体温のため，室温への配慮は大切である。また，血圧の変動を避けるため，脱衣場と浴室の温度差を小さくしておく必要がある。また，浴室内の照明は，まぶしくなくソフトな明かりを選ぶ。身体的問題を考慮して，シャワーチェアの高さや浴室の手すり，滑り止めのマットなど加齢変化に即

した配慮が必要である。

6　対象者の状態・状況に応じた介護の留意点

(1) 感覚機能が低下している人の介護の留意点

視覚障害のある対象者は，浴室内の明るさを保ち足元を見えやすくする。聴覚障害のある対象者は，顔を見て話し，話し手の口唇(こうしん)の動きや顔の表情がわかる状態で伝える。また，湯が出ている音が聞こえないことで熱傷や転倒の事故につながらないよう配慮する。

(2) 運動機能が低下している人の介護の留意点

麻痺のある対象者は，転倒しそうになった時，麻痺側では体を支えられない。そのため，麻痺のない側で把持できるよう，洗体の後は速やかに石鹸を洗い流す。麻痺側の部位は汚れがたまりやすいので，注意して汚れを落とすようにする。また，浴槽内では浮力を利用し手足の機能訓練を行う。

(3) 認知・知覚機能が低下している人の介護の留意点

入浴を楽しいものとして捉えられるよう，初回の入浴から不快なイメージやストレスを残さないよう配慮する。また，入浴を一つのコミュニケーションの場として捉え，入浴のたびに関係性が深まっていくようなかかわり方が望ましい。入浴後は湯冷めしないような配慮や水分補給を忘れず実施し，認知症があるためにできないこと，伝えられないことに気を配る。

7　他の職種の役割と協働

清潔援助の際には，入浴の可否の判断において医師と連携しなければならない。しかし，常に対象者の身近で日常生活の援助をしている介護者が最も対象者の異常に気づきやすい。「何か変だな」「いつもと違う」という感覚を

抱いた時には，看護師や医師に報告をして異常の早期発見につなげる。また，裸になることで全身の観察ができ，皮膚乾燥の状態や，掻(か)き傷から皮膚疾患の存在を知ることもある。また打撲や切り傷といった傷の発見をする時もある。これらの情報は，看護師や医師，OT，PTなど他職種との連携に役立てていかなければならない。

(新谷奈苗)

参考文献

(1) アンドレア・ストレイト・シュライナー監修(守本とも子，星野政明編)『QOLを高める専門看護，介護を考える下巻』下巻，中央法規出版，2005年，19-29頁。
(2) 日野原重明監修，西山悦子著『介護を支える知識と技術』中央法規出版，1997年，91-108頁。
(3) 阿部正和『看護生理学』メヂカルフレンド社，1981年，77-96頁。
(4) 氏家幸子『基礎看護技術』第4版，医学書院，1998年，261-301頁。
(5) 「介護福祉士教材」編集委員会編『老人介護の基礎技術(1)』メヂカルフレンド社，1996年，103-136頁。
(6) アンドレア・ストレイト・シュライナー，守本とも子「清潔ケアテクニック―痴呆性老人の入浴を中心として」『看護技術』メヂカルフレンド社，2001年，47(1)，68-72頁。
(7) アンドレア・ストレイト・シュライナー，守本とも子，俵由美子「痴呆性老人の入浴中の不安を低下させる対処方法―アイオワ大学が開発したプロトコール」『看護学雑誌』医学書院，2000年，64(8)，728-735頁。
(8) Horgas, A.L. & Tsai, P.F. 'Analgesic drug prescription and use in cognitively impaired nursinghome residents.', 1998, "Nurs. Res", July-Aug, 47(4), p235-242.
(9) 川井太加子編集『最新介護福祉全書第5巻 生活支援技術1』メヂカルフレンド社，2008年，199-252頁。

第 7 章
自立に向けた排泄(はいせつ)の介護

> 排泄は食事と同様，生命の維持に欠かすことができない基本的欲求の一つである。また，排泄がスムーズに行われることは，快適な生活を送るうえでの重要な要因となる。排泄の援助については，人はそれぞれ，これまでの排泄習慣があることや，その行為自体が羞恥心(しゅうちしん)を伴うものであることを十分理解しておかなければならない。本章では，排泄の意義と目的を理解し，対象者の身体的・心理的状況をふまえた安全で心地良い排泄援助の方法について学ぶ。

1 排泄の意義・目的

　排泄は，口から摂取したものが消化・吸収・代謝(たいしゃ)され，体内に不要な老廃物を外に出すなど人間が生きていくうえで重要な意味を持っており，生理的な欲求でもある。幼少期から一人で行えるように躾(しつけ)られ，外出前に済ます，朝必ずトイレに座り排便するなど，人それぞれの習慣を持っている。

　また，自力で行うことができ，それが当たり前となっているため，他者に気づかれないように，自力で排泄したいと願っている。そして，尿や便が気持ち良く排泄できることは，日々快適に生活していくにあたっての基本でもあり，排泄があることによる快感は大きい。

　一方で，国や文化によっても考え方は若干異なるが，人前で排便や排尿をすることはタブーとされることから，「他者に見られたり，そばに居られるとなかなか排泄できない，恥ずかしい」などの苦痛を伴うことも多い。したがって，食べることは少し待ってもらうなどの我慢ができても，尿や便を我慢することには限度があることを十分理解しておく必要がある。

第7章　自立に向けた排泄(はいせつ)の介護

　日常の生活において，排尿は1日5～6回，排便は1日1回あるのが通常で，他の日常生活行動に比べて，介護を受ける回数も多く，適切な介護技術が提供されなければならない。
　したがって，対象者の排泄習慣を尊重し，できるだけ自力でできるように，また，自尊心を傷つけないよう，その人らしく排泄できるように対象者の心理を十分に理解し，排泄後の快感が得られるように介護することが重要である。また，日頃より介護者は，その人の健康状態の指標にもなる排泄物の性状や量，表情や言動に留意し，異常の早期発見に努めることも必要である。

2　排泄に関する対象者のアセスメント

ICF（国際生活機能分類）の視点に基づくアセスメント

　排泄の援助の必要性や程度については，心身機能・身体構造，活動性，参加状況に加えて環境因子や個人因子の観察や情報の収集，つまり居住環境や個人の排泄習慣などの観察や情報収集を行い，対象者自身が自立してできる部分と介護が必要な部分をアセスメントすることが重要である。
　心身の機能・身体構造について観察し，加齢による身体の衰え，疾患(しっかん)による機能の不全や低下などによりトイレまでの歩行が可能か，ベッドサイドに起立することが可能か，自立した排泄が可能かなどを判断する。排泄の援助が必要となる原因は，大きく分類すると脳脊髄(せきずい)の疾患に由来する場合，膀胱(ぼうこう)や尿排泄機能に由来する場合がある。したがって，原因に関連する情報を収集することも必要である。排泄時の様子や訴えを十分に観察し情報を追加していくことも大切である。
　また，生活活動については，自立した生活を過ごしているか，トイレまでの見守りがあれば排泄できるのか，下着の上げ下ろしや清潔にするための手の動作をどこまでどのように行っているかを観察する。
　さらに，対象者の生活そのものについての把握，つまりレクリエーション活動への参加，車椅子などを利用した活動状況なども把握する必要がある。
　加えて，対象者の生活している居室の広さ，人数，寝床などの環境や，個

人の排泄習慣，排泄に対する考え，性格などを把握したうえで，排泄の援助の必要性や程度，方法などを個人に合わせてアセスメントすることが重要となる。

3　気持ち良い排泄を支える介護

(1)　我慢させない工夫

　排泄援助を待つという行為は，対象者にとって苦痛である。介護者が忙しそうにしている姿を見ると，対象者は声をかけづらいものである。多数の対象者を対象とする施設では，便意や尿意を訴えた場合，すぐに対応できないこともあるのが現状である。その時「待ってください」というよりも「～の後に必ず伺（うかが）います」のように前向きな表現を用いたり，具体的な待ち時間を伝えることが必要である。
　また，失禁（しっきん）を気にしたり，途中で排泄することへの気兼ねから，レクリエーションを楽しんだり，リハビリテーションに励んだりすることができないこともあるため，事前に排泄をすませたり，途中でも排泄できるような環境を整えるなどの配慮も必要である。

(2)　恥ずかしくなく排泄ができる環境づくり

　排泄行為や排泄物は人に見られたくないものである。そのため，排泄時はドアやカーテン，スクリーンなどでプライバシーの保護に努める。介護者の声の大きさや言葉の表現にも配慮が必要である。また，排泄物は目に触れないようにカバーで覆（おお）い，速やかに処理するように心がけたい。臭気がある場合も，臭いからではなく，排泄後に気持ち良く過ごしてもらうことを目的として換気の援助を考えたい。
　適切でない介護により不快を感じると，対象者は支援を求めないようになり，失禁の悪化や転倒事故を招くことになる。排泄があることを健康の証（あかし）として，ともに喜ぶ姿勢を持ちたいと考える。常に尊厳を持った姿勢で，気兼

第7章　自立に向けた排泄の介護

ねなく安心して排泄できるよう支える介護が必要である。

(3) 自立の視点

　排泄はできるだけ自分で行いたいと思う対象者は多いものである。気持ち良い排泄のためには，「自立」に視点を置いた介護も必要である。

　身体機能や認知能力から介護者が望ましいと考える排泄方法であっても，本人にとっては不慣れであったり，苦痛に感じる場合もある。押しつけの介護にならないよう，生活習慣を把握したうえで排泄方法を選択することが望ましい。特に，高齢者は長年の生活により培った習慣や価値観があり，その意向を尊重していくことが重要である。

　「できるだけ自分で排泄したい」という意向を尊重し，排泄方法を対象者や家族とともに考えるプロセスを支援していくことが介護者の役割である。対象者の「できる力」が発揮できるよう，客観的に評価し，環境を整え，福祉用具，介護の方法を選択する必要がある。

　意向を尊重することは，対象者や家族のいいなりになるのではない。専門的な知識から対象者や家族が「やってみよう」「これならできるかも」と思える提案をすることも支援の一つである。

　排泄の介護は，対象者が排泄動作ができることが目的ではなく，対象者の活動が広がり，積極的に生活することを目的としたものでありたい。

(4) 家族の介護

　在宅において介護者が最も負担に感じる介護行為は排泄であり，入所のきっかけとなる要因は，排泄介護への負担や認知症による不潔行為に伴う心身の苦痛である。

　排泄介護が必要な対象者を抱える家族は，1日の援助回数も多く24時間365日切れ目のないことから，身体的・精神的な負担も大きい。対象者の状態だけでなく，家族の介護力，家族関係，住居環境，経済状況なども含めて排泄方法を選択することが重要である。

4　安全・的確な排泄の技法

　排泄方法は，対象者の尿意・便意の認識，排尿・排便に関する身体的機能，トイレや便器・尿器の認識力，移乗(いじょう)・移動する能力，衣服を着脱する能力，後始末をする能力などによって選択する。

(1)　トイレ

　トイレで排泄するには，尿意便意があること，つかまりながら（一部介助により）座位保持ができることが望ましい。

　トイレで排泄する場合，本人のできる力が発揮できる，安全な環境を整えることが重要である。例えば，トイレの場所を明確に表示する，トイレまでの移動能力に応じた距離に居室を設ける，開閉しやすいドアを設置する，出入り口の段差を解消する，便座の高さを調整する，立ち上がり用の手すりを設置する，などである（p.28，p.29参照）。

　排泄を我慢した状態で移動する場合，いつもより移動動作が不安定になったり，焦(あせ)って早足になり転倒することも考えられるため，移動は本人のペースで安全に行えるようする。

　心臓疾患を持つ対象者の場合，早朝のトイレでの排泄は急激な体動や気温差により血管が収縮し，発作を招くこともある。関節疾患やパーキンソン病の対象者では，疼痛(とうつう)や動作に日差・時差を伴い，特に寝起きは動きづらいことがあるため転倒に注意が必要である。また，睡眠剤や安定剤を内服している場合も転倒に注意する必要がある。

　安全確保のため，施錠しないでトイレを使用することもあるが，その際は，使用中であることを表示し，プライバシーの保護に努める。また，排泄中はプライバシーの保持のためその場を離れることもある。しかし，介護者が必要な時すぐに介助(かいじょ)できる位置で見守ることは，対象者の安心感，そして自立へとつながる。排泄においては「見守り」も重要な介護である。

第7章　自立に向けた排泄の介護

(2) ポータブルトイレ

　トイレで排泄したいと思う対象者が多いことを念頭に置き，安易にポータブルトイレを使用し，本人の自立を妨げないようにしたい。しかし，移乗や移動に苦痛を伴う場合，日中はトイレで排泄し，夜間はポータブルトイレを使用するなどの柔軟（臨機応変）な対応により，失禁を予防し排泄の自立につながる場合もある。

　また，便意・尿意はあるがトイレまでの移動が困難な場合，本人の身体的機能・日常生活能力とトイレの環境が不適合な場合に，居室のベッドサイドに置いて使用することがある。使用時はカーテンやスクリーンを活用し，プライバシーの保護に努める。日中も，その居室内で過ごすことが多い場合や食事も同室で行う場合は，設置場所や換気に注意する必要がある。

　ポータブルトイレの種類も，家具調，温水洗浄つき，保温便座機能つき，手すりの取り外し可能，便座の高さ調整可能など多様である。在宅においては，家族が介護することが多いため，排泄物の後始末やポータブルトイレの掃除も考慮したものを選択する必要がある。

① 排泄前に，ポータブルトイレの内バケツの底にトイレットペーパーを2～3枚重ねて敷いておく。排泄中の音を緩和す

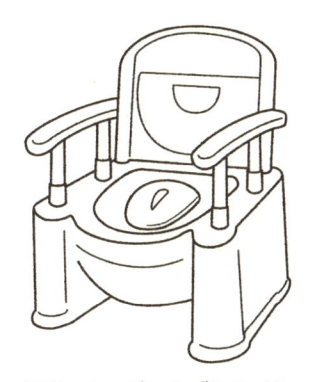

図7-1　ポータブルトイレ

図7-2　和風のスクリーン

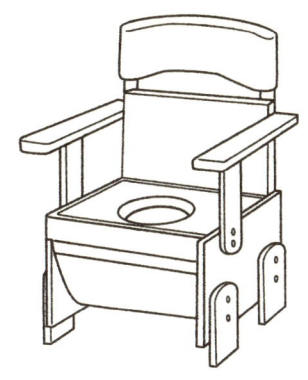

図7-3　家具調ポータブルトイレ

123

ることができ，排泄後の後始末もしやすい。ただし，ティッシュペーパーは，後始末の時に取り除く手間が生じるため，排泄物と一緒に水に流せる物を敷くようにする。
② カーテンやスクリーンで周囲を覆い，プライバシーの保護に努める。
③ ベッドの近くにポータブルトイレを配置する。移乗時，ベッドやポータブルトイレの手すりが持てるように配置することが望ましい。
④ 対象者が立位(りつい)になり，ズボンや下着を下ろす。介助する場合は，介護者が衣服を下に下ろす力で，対象者

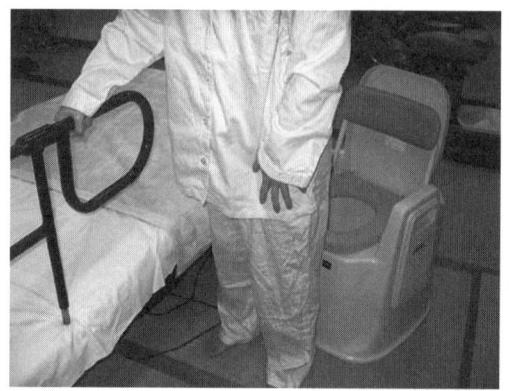

図7-4　ベッドとポータブルトイレの配置

が立位バランスを崩さないよう，しっかりと手すりにつかまっていることを確認する。また，衣服は汚染しないように膝の下まで下ろす。
⑤ ポータブルトイレの便座に腰かける。下肢の筋力(かし)が低下している場合，尻もちをつくように勢いよく座ることがあるため，腰を支えるようにする。
⑥ 排泄中，介助者は退室することが望ましいが，座位バランスが不安定な対象者や排泄後の処理がうまくできない対象者の場合は，安全に排泄できるよう見守ることはトイレでの排泄と同様である。
⑦ 排泄後は，なるべく自分で拭(ふ)いてもらい，できない時は介助する。
⑧ 排泄後は，ベッドやポータブルトイレの手すりにつかまり，立位になり，下着やズボンを履く。
⑨ 手洗い，または手拭きを行い，ベッドに戻る。
⑩ 安楽な体位であることを確認し，布団を整える。
⑪ 換気を行い，カーテンやスクリーンを取り除く。
⑫ 排泄物を観察し，片づける。ポータブルトイレの内バケツを片づける時は，排泄物が目に触れないようにフタや布で覆う。

第7章 自立に向けた排泄の介護

⑬ ポータブルトイレを片づける。すぐに使えるようにベッドの足下に置いておく場合も，カバーで覆うなどプライバシーの保護に注意する。

(3) 採尿器・差し込み便器

　立位や座位での歩行が困難な場合に採尿器や差し込み便器を用いて床上での排泄を介助する。高齢者では，尿道や肛門の括約筋の調節機能の低下も見られるため，排泄の訴えがあれば迅速に対応するように心がける。

　また，排泄物を扱うため，感染予防の観点からディスポーザブル手袋を着用する。

【採尿器を用いた排尿の介助】

① 使用する物品の準備：尿器（男性用または女性用），防水シート，トイレットペーパー，ディスポーザブル手袋，エプロン。
② 環境の調整：ドアやカーテンを閉め，プライバシーへの配慮を行うと同時に隙間風が入らないように，窓が閉まっているか確認し，ディスポーザブル手袋を装着する。
③ 尿器の挿入：パジャマのズボン，下着を下ろし，寝衣や寝具が濡れないように排泄用シートを敷き，仰臥位または側臥位で，利用者の膝を立てるまたは曲げて，股間のスペースを確保して尿器を置く。

ⅰ） 男性の場合：尿器がずれないように対象者に持ってもらい，自分でできる場合にはペニスを尿器の中に入れてもらい排尿しても良いことを伝える。
ⅱ） 女性の場合：図7-5のように少し上体を挙げ（ファーラー位）たほうが排泄しやすい。尿器が挿入しやすいように膝関節を曲げて外側に開き，会陰部に女性用の尿器を密着させ，尿が寝具に漏れないようにする。そして，トイレットペーパーを20cm程度切り，縦2つ折りか3つ折りにして，上端を恥骨部に当てて，一方の端を尿器の中に垂らし，尿が飛散

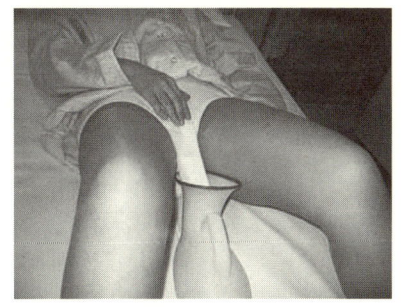

図7-5　尿器挿入（女性の場合）

しないように誘導する。対象者自身で排尿後の後始末ができる場合は，トイレットペーパーを手元の取りやすい位置に置き退室する。女性の場合は，自分で尿器を会陰部に密着させ排尿することが困難なので，介助を必要とする。
④　後片づけ：排尿終了の合図があったら，尿がこぼれないように尿器を取り除き，パジャマや下着を履いてもらう。対象者が温湯で手を洗えるか，または拭けるようにおしぼりを渡すなど配慮する。尿はトイレに流し，尿器を洗浄・消毒する。介護者はディスポーザブルの手袋を外し，手洗いをする。

【差し込み便器を用いた排便の介助】
①　使用する物品の準備：差し込み便器，便器パッド，尿器，防水シート，トイレットペーパー，ディスポーザブル手袋。
②　環境の調整は採尿器に準ずる。
③　便器の挿入：便器は中に湯を入れる，便器保温器に入れる，便尿器洗浄器を使用するなどのいずれかの方法で温めてから用いる。便器が挿入できるように安楽物品などの身体に当てているものを除去し，対象者を仰臥位または側臥位にする。防水カバーを腰の下に広げて，パジャマと下着を下ろす。対象者の下肢(かし)は膝を曲げて広げるようにし，介護者は対象者の腰に手を差し入れて臀部(でんぶ)を持ち上げ，その上がっている空間に便器を挿入する。便器の挿入は，受け口の中心に肛門部(こうもんぶ)が当たるようにする。男性は尿器も同時に当てる。女性は図7-6のように，陰部にトイレットペーパーを当て，尿が飛散しないように反対側の端を便器に誘導する。腹圧がかけやすいよう対象者のベッドの背部側を30度程度挙上する。コールがあれば手元に置き，終了したことを伝えやすくする。排尿終了の合図があればただちにベッドサイドへ行き，拭きやすく対象者の負担の少ない側臥位にし，肛門部を拭

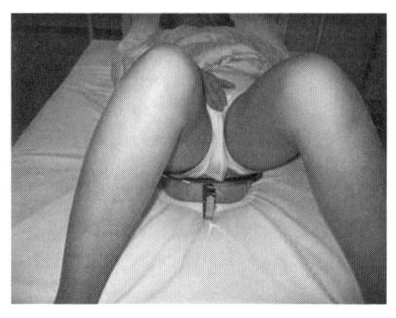

図7-6　便器挿入

く。自分で拭ける場合は自分で拭いてもらっても良い。拭き方は，尿道口からの感染を考慮し陰部側から肛門部へ向けて拭く。
④ 後片づけ：採尿器に準じる。ベッド上での便後は，窓を開けての換気や消臭スプレーを使用し，室内に臭いが残らないように配慮する。

(4) おむつ

対象者自身でトイレまで移動できない状態，腰部の挙上が困難で便器の利用ができない場合などにおむつを利用し，歩行できる場合は安易におむつを利用してはいけない。

おむつの種類は，素材からみると布性と紙性に分類される。現在，わが国では布製おむつはほとんど使用されなくなり，利便性から紙おむつの使用が多い。

種類としては，図7-7のようにパンツタイプ，テープで止めるフラットタイプ，尿取りパッド，下着に当てるパッドがあり，排泄物の横漏れ防止，通気性，吸水性などの改良がされているので，対象者の自立の程度や動作を考え，使用する種類を選択する。

男性用と女性用では厚みを持たせた箇所を変え，吸水性が考慮されている。したがって，性別や対象者の体型に合わせてサイズを選択できる。

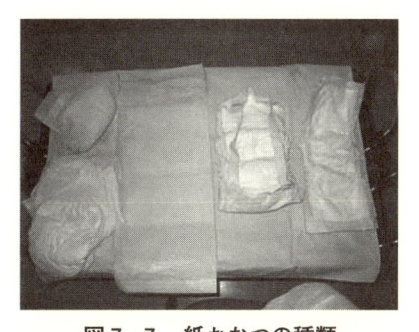

図7-7　紙おむつの種類

しかし，紙おむつは簡単で便利な一方で経済的な負担が大きい。そのため，おむつ代を含めた医療費が年間10万円以上の場合は控除の対象となっており，申請により税金の還付が受けられるようになった。

【紙おむつ（フラットタイプ）の当て方】
① 使用する物品の準備：ディスポーザブルの手袋，交換する紙おむつ，トイレットペーパー，交換したおむつを入れる袋，汚染部を清拭するタオル（必要に応じて）。

② 環境の調整：室温や窓の開けっ放しがないかなど対象者の保温，プライバシーへの配慮を心がける。また，同室者がいる場合には，交換の時間，臭気など同室者への配慮をする。
③ おむつの交換の手順：安楽に取り外しできるように，対象者に側臥位または仰臥位をとってもらう。おむつの取り外しには，感染予防の観点からディスポーザブルの手袋を着用し，ズボンを脱がせる。おむつについている腹部のテープを外し，股の部分のおむつを広げ，汚れたおむつは身体の下に丸める。汚れたおむつを取り除き，準備したビニール袋に小さく丸めて入れ，排泄物の臭いが拡散しないようにする。陰部や臀部が汚染している場合は，下用タオルで拭いて清潔にし，新しいおむつを広げおむつの中央が対象者の臀部の中心に当たるように敷く。股間に当たる部分の中心を合わせ，おむつの外側から陰部に沿うように当てる。股間のギャザーを調整し，腹部を締めつけない程度に附属のテープで止め，きつくないか対象者へ確認する。
④ 後片づけ：臭気がする場合には，消臭スプレーを使い，芳香剤(ほうこうざい)も活用する。紙おむつ内の流せる便はトイレに流し，紙おむつはフタつき汚物バケツに入れる。

5 対象者の状態・状況に合わせた介護の留意点

(1) 感覚機能が低下している人の介護の留意点

感覚機能が低下すると，危険に対する認識が低下したり，新しい環境に適応するのに時間を要することがある。

視覚障害がある場合，トイレの場所や便器・尿器の位置が認識できないことがある。わかりやすい表示をすること，照明を適切にすること，介護者が付き添い安心してもらうことが重要である。高齢者は，暗い場所から急に照明の明るい場所へ移るとまぶしさにより転倒することもあるので，注意が必要である。トイレの場所，便器の位置やトイレ内の設備を覚えることができ

るよう，常に同じ場所のトイレを使用することも援助の一つである。

聴覚障害がある場合，介護者の声かけが聞き取れず，不安になったり，転倒事故を招くこともあるため，対象者に応じたコミュニケーションの方法を知っておくことが重要である。排泄に関することは他人に知られたくないという対象者の思いを理解し，声の大きさや表現にも配慮が必要である。

また，感覚機能の障害は，他の身体機能の障害に比べて外見的な変化が少ないので，地域社会では自らが求めないと支援を受けづらい状況であることも特徴である。

(2) 運動機能が低下している人の介護の留意点

脳血管障害，パーキンソン病，変形性関節症や関節リウマチなど運動・神経系疾患の疾患を伴う場合，排泄機能や移乗・移動に障害を来たしやすいため，排泄に介護が必要な対象者が多い。

脳血管障害により片麻痺がある場合，転倒を予防し安全に移乗・移動するため原則として麻痺側に立ち介助する。下肢筋力だけでなく，手すりを握る力や後始末・衣服着脱の能力も自立に大きく影響するため，上肢の機能も評価したうえで，排泄方法を選択する。

関節疾患がある場合や下肢筋力低下を来たしている場合，便器からの立ち上がりに苦痛を伴うことが多い。立ち上がりやすい便器の高さに調整することや握りやすい手すりの設置など安全で安楽な環境づくりが必要である。

立ち上がり，衣服の着脱や後始末など一部介助を要する場合，介護者が近くで見守ることにより，対象者は安心し，自信と意欲を持つことができる。見守りは自立を支援する介護の一つである。

(3) 認知・知覚機能が低下している人の介護の留意点

認知症の場合，健忘や薬物の副作用により失禁しやすくなる。また，放尿，排泄物やおむついじりなどの不潔行為，一連の排泄動作の組み立てができなくなる失行，介護への抵抗などの行動障害がみられる。

言語により尿意・便意を訴えることができない場合，ソワソワしたり，お

むつを触ったりすることで尿意・便意を訴えることもあるので，行動と排泄のパターンを観察し，個々の尿意・便意の訴え方や合図など特徴を把握する。特に，膀胱炎や便秘による苦痛が徘徊や興奮の原因になる場合もあるので注意する。

また，排泄がうまくできなかったのでそれを片づけようとした結果，不潔行為につながることもある。失敗をとがめずに，対象者の行為の裏にある背景を知る姿勢が大切である。動作はできなくなっても，すべての能力を喪失しているのではない。羞恥心や自尊心に配慮した介護を心がけたいものである。

(4) 便秘の予防のための日常生活の留意点

便秘とは便の大腸内通過が遅れ，通常の排便習慣より排便回数が著しく減少した状態で，便の量が少なく，固く，残便感，排便困難などを訴える状態である。

便秘には便の直腸への輸送困難，大腸そのものの通過障害によって起こる器質性便秘と腸の機能低下，運動不足，大腸内容の移送の遅れ，大腸が痙攣性に収縮し通過の傷害などによって起こる機能性便秘がある。高齢者，障害者は活動が低下するため便秘は起こりやすくなる。

便秘になると腹部膨満，腹痛，下腹部の不快感，食欲不振などの消化器症状や不安，不眠，イライラ，頭痛などの全身症状が出現する。重症化すると便塊の停滞による腸閉塞や消化吸収力の低下などが起こることもあるため，便の形，性状，他の随伴症状の有無などを観察する。それにより，病気の早期発見・悪化の防止に役立つ。便秘にならないために日常生活において以下のような点に留意する。

【日常生活上の留意点】

① **食事**

・水分の規制がなければ，1ℓ程度の水分摂取を促す。しかし，高齢者では水分摂取量がさほど多くないのでその人に適した量をすすめる。
・脂肪分を多く含む食品は潤滑剤的に作用するので，規制がなければ脂肪分を含む食品の摂取を促す。

・食物繊維は機械的な刺激として作用するので，食物繊維の多く含まれる海草類，プルーン，いも，こんにゃくなどの食品を摂取するように促す。

② 運動
・「の」の字を描くマッサージは腸管の刺激，血液循環を良くするなど腸蠕動運動を亢進させるので1日5分程度2～3回行うように促す。
・歩行困難な場合は下肢の屈伸運動をできる範囲で行うように促す。

③ 習慣
・毎日朝食後にトイレに入り排便を試みるように促す。

(5) 下痢の予防のための日常生活の留意点

下痢とは便中の水分の増加により軟便または液状になった状態で，便回数の増加，腹痛を伴うことが多い状態をいう。

下痢の主な発生原因としては，細菌やウイルスなどによる感染性の下痢と食べ物や飲料水などの大量摂取，不安や恐怖などの精神的な緊張，腸の蠕動運動の亢進，食べ物によるアレルギー，抗生物質・抗ガン剤，中毒などの薬物によるものなどが挙げられる。

下痢に伴う症状として，腹痛，食欲不振，口渇，裏急後重（しぶりばら），肛門部の疼痛や時として発熱，全身倦怠感などが見られる。重症化すると，水分バランスや電解質の異常による脱水を起こし，長期にわたると栄養状態の悪化や体力の消耗を来たすこともあるため，便の性状や回数，全身状態の観察を行うことが重要である。

また，局所症状として，頻回の下痢による肛門周囲の発赤や疼痛を伴うこともあるため，皮膚のケアも重要となってくる。脱水を起こさないためにも白湯などで補水を行うとともに，安静に過ごすようにする。場合によっては，感染性の下痢も考えられるので，症状をよく観察したうえで受診をすすめることも大切である。下痢を予防するためには，以下のような点に留意する。

【日常生活上の留意点】

下痢を予防するためには，食べ物はできるだけ新鮮なものを摂取する。また，摂取前には手洗いを励行することが基本的に大切である。食物繊維など

の食物残渣(ざんさ)は機械的な刺激となり，腸の蠕動運動を亢進させるので，食物繊維の多い食品を採り過ぎないよう留意する。

　また，脂肪や多量の糖質を採り過ぎると消化や吸収を妨げるので，消化の良い食品を摂取する。炭酸飲料や多量の乳製品も腸の蠕動運動を亢進させる。また，生ものはサルモネラ菌，レンサ球菌などが繁殖している危険性があるため，体調などを考慮し摂取を考える。

(6) 尿回数が多い人への日常生活の留意点

　大人の尿回数は通常1日4～6回とされている。個人差もあるが，尿の回数が9～10回以上，夜間2～3回以上排尿する場合を頻尿(ひんにょう)，つまり，尿回数が多いと見なす。尿回数が多くなる原因は，病気やその治療によるによる膀胱内の炎症，水分の多飲，利尿剤などの薬物の服用，ストレスや不安による精神的な要因，高齢者では日中より夜間に尿が生成され，多尿になり夜間に尿回数が多くなるなどが挙げられる。

　日中に尿回数が多いと外出が消極的になる，対人との接触を避ける，無力感が強まる，自尊感情の低下などの心理的な問題も伴いふさぎがちになり活動が低下する。一方夜間に尿回数が多くなると，何度も目が覚めるため睡眠不足や疲労感が増し，日中への活動にも影響する。心理的な負担が増加しないように，話をよく聞き，説明や励ましなどコミュニケーションを十分に図る，寝る前には水分の多い果物や補水を控えるなどが大切である。

【日常生活上の留意点】

　尿回数が多くなると，高齢者は尿漏れの不安やトイレに間に合うかなど心理的なダメージを受けやすく，自立が妨げられる。加齢により誰にでも起こることや，対処用グッズの活用により尿漏れ防止・消臭効果が得られるなど情報を与えることで不安の軽減につながり，外出や活動に対しても気後れしなくなる。

　また，膀胱炎，前立腺肥大(ぜんりつせん ひ だいしょう)症などの病気から尿回数が増える場合も考えられる。発熱，排尿時痛などの他の症状の有無の観察を行い，医療機関への受診をすすめるようにすることも大切である。

(7) 失禁時の介護の留意点

　失禁には，便失禁，尿失禁の両方がある。失禁の原因は，脳・神経に由来する場合と膀胱や直腸の器質や機能に由来する場合，精神的な緊張や不安の高まりによる場合，身体の動作機能による場合など多岐にわたる。
　高齢者の場合，老化に伴う機能の低下，何らかの疾病の重複により失禁を伴う場合，服薬による排尿機能の促進などが多くみられる。
　したがって，対象者の座位・立ち上がり・しゃがみ動作の状況による排泄行動や動き，トイレの高さ，手すりの位置などの排泄に関連する環境をよく観察することが重要である。
　認知症のある高齢者の場合では，排泄の訴えはなくても表情や陰部のあたりに手を持っていくなどのサインを発していることもあるので，タイミングよく介助することで失禁を予防することが可能となる。
　また，対象者の排泄の時間間隔を把握し，時間ごとに排泄の誘導をすることも，対象者の失禁するのではないかといった不安を和らげ，失禁予防につながる。さらに，尿失禁が予測される場合は，男性用はカップタイプの尿取りパッド，女性用には当てるタイプの介護ケア製品も市販されている。
　行動範囲の拡大や不安の軽減につながるので，失禁の量に応じてパッド製品を選択すると良い。失禁は対象者の自尊心が傷つきやすく羞恥心を伴うため，介護者は不用意な発言は絶対に慎むべきである。

6　他の職種の役割と協働

　医師，保健師，看護師，理学療法士や作業療法士など他職種との協働により，失禁・便秘への援助や排泄方法を選択することがある。特に，現在のケアが有効でないために方法を変更する場合，ケアを実践している介護者から提供される情報は貴重である。
　その際，介護者は対象者の生活背景や習慣，排泄に対する意向などの情報を把握していることが必要である。

福祉用具の選択や住宅改修をする場合は，理学療法士や作業療法士，住宅福祉コーディネーターなどから助言を得ることができる。在宅において，福祉用具を購入・貸与する場合や住宅改修を施工する場合，介護保険の対象となることもあり，在宅介護支援センターや居宅支援事業所で相談することができる。

　いかなる場合も，対象者の意向を尊重したケアの方向性が導き出されるように協働することが重要である。　　　　　　　（三毛美恵子・川口ちづる）

参考文献
(1) 高木永子監修『New 看護過程に沿った対症看護』Gakken，2006年。
(2) 福井準之助，小松浩子，西村かおる『ナースのための尿失禁ケアハンドブック』医薬ジャーナル社，2001年。
(3) 西村かおる監修『看護＆介護ブックス　あなたが始める生活を支える排泄ケア』医学芸術社，2002年。
(4) 奥宮暁子他編『シリーズ生活をささえる看護　生活の再構築を必要とする人の看護Ⅰ』中央法規出版，2006年。

第 8 章
自立に向けた家事の介護

家事は調理,買い物,洗濯,掃除,裁縫といった生活を送るうえで必要な行為の総称であるといえる。本来ならば,人の手を借りず,個人の文化や習慣に従って,個人,あるいは家族の嗜好を取り入れながら自然体で行われるものである。また,家事を行う家族成員にとっては,ある意味では他の家族成員への愛情の表現でもある。本章では,家事の目的と意義を理解し,対象者のQOLを高める家事のあり方,及び対象者が家事に参加することを支える個別性をふまえた援助方法について学ぶ。

1 家事の意義・目的

家事は,衣・食・住を中心とした生命活動に付随して行われている行為の総称で,人生を生きぬくための「生活知識・技術」を身につけ,遂行することである。

具体的には,調理,買い物,洗濯,掃除,裁縫,被服の衛生管理,住宅設備の補修,メンテナンス,病人や高齢者・子供の世話・家政管理などで個人の自立を基本とし,快適な環境を確保しつつ「生活の質」を高めることを目

生活を営むための労働	各種生活財の購入,調理・裁縫などの加工,洗濯・掃除・片づけ・食器洗いなどの手入れや整備・収納,廃棄
家族へのサービス労働	育児,しつけ,生活訓練,教育などの子どもの自立の補助 家族の世話 病人の看病や高齢者の介護
家政管理	生活設計,年間計画 年間および月間予算の計画,収入と支出の管理 家事・育児・教育および生活全般について学習

表8-1　家事労働の種類

出典:佐々井啓編『家政学実習ノート』第3版,誠信書房,2005年,9頁。

的とする。家事の原点は愛情と思いやりの心が礎(いしずえ)であり，人間としての尊厳を維持できるように，人との信頼関係を保つことが大事である。

2　家事に関する対象者のアセスメント

　家事は，日々の暮らしを維持し，明日への活力を養い，人間らしく生きるための家庭生活を営む条件整備を行う仕事である。障害者にとっての家事は，これに加えて，自分の生活を自分で決定し管理するために必要な手段であり，時には心身機能の維持や改善のための手段にもなり得るものである。

　障害の種類や程度により，家事能力はさまざまであり，家事遂行に伴う困難も多様である。障害者の家事作業を考える際には，まず各個人の家事能力を正確に把握し，個人の能力を最大限活用するために，家事遂行上の問題点について解決を図ることが重要である。解決方法としては，①家事動作を工夫する，②家事遂行を助ける道具を使用する，③住居を改造し，家事動作がしやすい空間をつくる，④家族と家事を分担する，⑤ホームヘルパーやボランティアなどに援助を依頼し，協力して家事を行う，などが挙げられる。

　知的障害者に関しては，日常生活において家事能力を高めるような体験をすることが少ないため，家事に関しても依存的になっている場合が少なくない。しかし，主体的に生活するために，自分で食べたいものを自分で選んで作って食べ，片づけるといった経験は必要である。知的障害者の家事作業について特に注意しなければならないこととしては，家事に楽しく参加できるよう意欲を高めること，安全性や衛生面に気をつけること，対象者が家事作業全体の流れを理解することなどである。

3　家事に参加することを支える介護の工夫

　家事は，理屈より感性で行う場合が多いので，道具や食器の置き場所，掃除や洗濯の手順，水や電気の使い方など対象者や家族が，これまで続けてきたやり方をまず尊重することが大事である。そして対象者の人格の尊重も原

則である。対象者は介護者の声の調子，身体や目の動き，このような言語以外の言葉を聞き取っていると思われる。まず，信頼関係を築くことが大切であり，細かい配慮が必要になる。

① **安全への配慮**
　介護者や家族のいない時の対象者の状況を考えて，危険のないようにしておくこと。

② **多種多様な家事のそれぞれについての手順を理解していること**
　介護者は，大きな流れから料理のレシピのように細部の手順まで把握しておくことが望まれる。

③ **事前に十分な準備をしておくこと**
　介助に欠かせない物品や材料が対象者宅に見当たらない，あっても使用できないなどの場合がある。なるべく早く対象者の傾向をつかんでおくことで，"不測"の事態に出会うことが少なくなる。介護者は不測の事態を"予測"し，どのように対処するかを考えておく。

④ **臨機応変の対応ができること**
　柔軟なものの見方，取り組みができることが大切である。決まった用具や材料がないから，あるいは環境が整っていないからできないと頭から決めつけてしまうと身動きがとれないことがあるので，どんな時にも冷静さとゆとりを持つように心がけておくと，固定的な観念から解放される。

⑤ **同時進行ができること**
　洗濯機が回っている間は他のことができないというような極端なことがなくても同時に複数の仕事をこなせるよう集中力を高める。

　自分のことが少しでも自分でできることで，張り合いを見つけて喜びを感じるようになり，些細なことの積み重ねが立派なリハビリテーション介護になると考えられる。衣類を洗い，干し，たたむ，果物を手先を使わず便利な器具を使って皮をむく，ローラ式の粘着テープで部屋の掃除ができるなど，そうしてみたいという自発的な気持ちが対象者に生まれるようにすることが自立を促す生活支援になると考えられる。

　対象者の意欲を引き出したり，膨らませたりすることは簡単なことでは

ないが，対象者に影響力を持つ最も適当な人（例：家族，ケアマネージャー，幼なじみなど）を探し出して活用すると良い。生活の自立や向上は，介護者を含む周囲の気づきとそれに触発された対象者の自覚から始まると考えられる。

4　家事の介助の技法

(1)　食事——高齢者・障害者の食事の介助方法

　高齢者においては，その具体的な生理的変化として，①歯牙の損失，②嚥下器官の嚥下能力の低下，③消化管の萎縮性変化，④消化液の分泌低下，⑤腸管の蠕動運動の減弱，⑥味覚，嗅覚，視覚などの感覚機能の低下，⑦全身の体力や抵抗力の低下がみられ，それぞれの変化から栄養，食生活上の問題点などが発生する。

　このため，食事の介助にあたっては，これらの点を考慮した対応が望まれる。具体的な食事の介助方法は，咀嚼や嚥下機能などのさまざまな機能障害の状態により，食事形態を工夫することが必要となる。

　また，食べやすさの工夫は，主に調理方法などによって高めることが可能となるが，食材の選択も見逃すことのできない重要な要素となる。特に，介助される高齢者の身体状況や障害の程度に応じた食材の選択や調理法の工夫が重要である。

　例えば，飲み込みやすくするために，料理形態を最初から流動食や軟菜食として調理したり，食材をすりおろして用いる。また，できあがった料理をミキサーにかけたり，食べやすい大きさに調えるために刻み食としたりすることが必要である。じゃがいもや長いもなどのいも類のように比較的食べやすい食材がある反面，ぜんまい，わらび，ごぼうなどのあくが強く，繊維のあるものは，食べにくいので注意が必要である。

　また，咀嚼が十分に行えない場合，食べやすく，飲み込みやすくするために，あらかじめ用意した食材に隠し包丁を入れたりする。かたくり粉やゼラ

チン，コーンスターチなどを活用して，食べ物にとろみをつけて提供することも高齢者には喜ばれる。特に，最近は，これらのとろみ（剤）を利用して，一度ミキサーにかけたものや，刻んだりしたものを元の料理や食品の形態にできるだけ近づけた，いわゆる介護食の技術的開発も進んでいる。

なお，誤飲を避けるためには，むせることの少ない食べ物や食べ方を心がけることが必要である。

① 調理の方法

調理には，洗浄から計量，刻む，加熱，調味，盛りつけまでの一連の工程がある。

一般的な料理法では，和風，洋風，中華風などに分けられ，調理技術により，生，焼く，煮る，揚げる，蒸すなど多くの調理技術を活用し，料理が作られる。同一の材料を使用しても工夫によりいろいろ楽しめる。

料理の材料である食品は，消化されやすく食べやすいように，そして，おいしく食べられるようにといろいろ手が加えられる。このことが「調理する」ということである。

具体的な調理の方法は，加熱を伴わない非加熱操作と加熱処理する加熱操作，そして最後の仕上げ操作に大別できる。

非加熱操作には，サラダや酢の物など「生」でそのまま食べること，調理の下準備がある。

1) 衛生上安全にするためには，食材をきれいに洗い，皮をむく。不要の部分を取り除く。
2) 乾物は水につけもどす（例：干ししいたけ，わかめ，ひじき，かんぴょう，こんぶ，切り干し大根など）。
3) 冷凍品は解凍してから使用する。冷凍室から冷蔵室に移し，調理に使用する時間を考える。電子レンジを使用するのも良い。
4) 食べやすくするために適当な形に切る（みじん切り，小口切り，ささがき，せん切り，輪切り，乱切りなど）。
5) あくの成分を除去するために，水につける（例：ごぼう，なすなど）。なお，じゃがいもやりんごなど切り口が空気に触れると変色するものは，

すぐ水や食塩水につける。ほうれん草，春菊，こまつ菜などの野菜は熱湯でゆでた後，水にさらしてあく抜きをする。

② 食品の保存方法と保存の目安

購入後料理に使用するまでの間の保存が適切に行われないと，食品の価値が低下し，場合によっては健康を損なうような事態にもなりかねない。日常生活で使用頻度の高い食品に適した保存方法と，安心して食べられる保存期間の目安，保存法の注意についてまとめる。また，加工食品は毎日の生活の中にほとんどといっていいほど利用されている。便利で，早く口に入ることから，現代の生活の中では欠かせないほどになっているが，加工食品には保存のために食品添加物が加えられていることも忘れてはならない。

食品添加物には，うま味料，人工甘味料，酸味料などの調味料，合成着色料，天然着色料，保存料，殺菌料，酸化防止剤，発色剤，漂白料など，広範な目的に合わせ，多種多様なものがある。麺類の品質保持剤として，プロピレングリコール，魚介類，肉類の加工品はソルビン酸が，保存料として75％使用されているので，毎日継続して利用することは避けたいものである。

＜常温保存＞
バナナ，こんにゃく，さつまいも，かぼちゃ，じゃがいも，ごぼう，たまねぎ，長いもなど

＜保存期間の目安＞
牛乳 約7日
卵 約7日〜10日
食肉・魚介類 約2〜3日
野菜類 紙，ビニールなどで包み保存，青菜類で約2〜3日，根菜類で1週間位
豆腐 水に入れて約2〜3日

図8-1 食品の保存方法
（執筆者作成）

第8章　自立に向けた家事の介護

　また，加工食品には原材料名が必ず書かれており，添加物名も記載されているので，確認し購入すると良い。賞味期限（おいしくいただける期間），保存方法も指示に従うと良い。

③　配食サービスについて

　最近では，食品添加物の使用を控えた食品の供給も行われており，腐敗・劣化の進行が早いので，貯蔵条件については最大の注意を払う必要がある。

　具体的には，①食べ残した物をそのまま放置せず，冷蔵庫の中に保存し，できるだけ早くその日のうちに飲食する。②揚げ物などは油を使用しており酸化しやすいため，なるべく早い時間で食する。

　なお，一人暮らしかつ周囲の人々とほとんど交流がない高齢者については安否の確認も必要である。

④　高齢者食生活の留意点

　高齢者は脂肪を採りすぎず，良質なたんぱく質を十分に採ることや味つけを薄味にし，消化の良い調理法を工夫することが大切である。便秘になりやすいので，食物繊維を豊富に含む野菜や果物を採ることが必要である。

　また，欠食・小食・過食は栄養のバランスが悪くなり，体力の低下につながるので気をつけたい。

⑤　感覚機能・運動機能・認知機能が低下している人の介助の留意点

　視覚障害のある場合，熱い食べ物，飲み物，わさびやからしなどの香辛料などに気をつける必要がある。楊枝（ようじ）やナイフ，フォークなどで身体に傷をつけてしまうこともあるので，安全面においても気配りが必要である。また，食事をする際，食器がいつも一定のところに置かれていると安心して，主食，汁物，副菜などを口に運びやすいので，位置の配慮も忘れてはならない。

　咀嚼機能障害は，高齢者や障害者によくあることだが，まず第一に歯の問題が考えられる。ゆっくりとよく噛（か）むことにより，唾液の分泌も活発になり，食べ物もおいしく味わえ，また大脳を刺激して，認知症の防止にも効果的であるといわれているので，歯をしっかり手入れする必要がある。

　なお，義歯（ぎし）については，食事を楽しむことや，栄養摂取の面からも大事な要素になるので，噛み合わせに不都合がないか確かめることも必要である。

運動機能障害においては，食器具を工夫する。症状により，スプーンやフォーク，器なども小さめより大きめのほうが使いやすいこともあり，テーブルや椅子の高さの配慮も必要である。自らの力で食することの喜びを味わってもらう支援を心がけたい。

認知症高齢者の場合，女性は調理に携わる時間が過去に多かったせいか，買い物，料理作り，後片づけなどは好んで活動することができる。それが介護計画において大切なプログラムにもなっている。

男性の場合，食べることに参加することで，食する楽しさと時間を共有する喜びを味わうことができる。

(2) 洗濯

洗濯には洗剤の水溶液で汚れを落とす湿式洗濯（ランドリー）と有機洗剤で汚れを落とす乾式洗濯（ドライクリーニング）とがある。また家庭洗濯と商業洗濯とがあり家庭洗濯は湿式で，商業洗濯では洗濯物の種類によりランドリー，ウエットクリーニング，あるいはドライクリーニングが行われる。

① 家庭洗濯のポイント―洗濯前のチェックと仕分け―

1) 衣料の取り扱い絵表示の確認をし，繊維に合った洗剤を使用（洗剤容器の表示）する。綿・麻・合成繊維は弱アルカリ性洗剤を使用し，毛・絹繊維は中性洗剤を使用する。
2) 洗濯物の点検（飾りボタン，ポケット）
3) 繊維・色・汚れ方での仕分け：デリケートな衣料はネットを使用し，色落ちしやすいものは別洗いする。綿・麻製品で生成りのものや淡色のものは部分洗い・つけ置き洗いをする。

② 洗濯の仕方

1) 洗剤の量は使用量の目安表示を参照する。洗剤は多すぎても洗浄効果は変わらない。よく溶かすと洗剤液がすぐに衣料に浸透するので汚れ落ちも良い。
2) 洗濯物の量は洗濯機に表示されている量の7～8割程度が良い。多すぎると汚れが落ちにくく，布のからみや洗いむらの原因になる。

3) 洗濯の時間は，普通の汚れでは7〜10分位。特に汚れがひどい時は，塗布洗い，つけ置き洗いをしておくと良い。
4) 洗濯温度は水温が高いほど洗浄力が強く，理想的平均温度は40℃であるが，絹やウールは縮みやすいので30℃が限度である。風呂の残り湯を利用しても良い。
5) 脱水のかけすぎはしわのもとであり，綿・麻は1〜2分，毛は30秒以内が良い。
6) 乾燥では，色柄物やナイロン・毛・絹製品は直射日光に当てると色あせや，黄ばみの原因になるので，陰干しや室内干しにし，平干しにすると型崩れが防げる。

③ **しみ抜き，漂白について**

洗濯では落ちなかった汚れや全体的な黄ばみ黒ずみには漂白剤を使用する。酸化型の塩素系漂白剤（次亜塩素酸ナトリウム）は白いものを白くする殺菌効果がある他，臭いを取り除くこともできる（例，白衣やおむつなど）。酸化型の酸素漂白剤は色柄物に使用でき，比較的用いやすい（例：ブラウス，ワンピース，スカートなど）。

(3) 掃除・ごみ捨て

① **掃除の用具と用剤について**

掃除は汚れを物理的に取り除くための用具（はたき，ほうき，電気掃除機，たわし類，クレンザーなど）と，科学的に取り除くための溶剤（洗剤，専用クリーナー類，有機溶剤など）を使って行う。

細菌やカビには消毒用アルコールなどの消毒剤が効果的である。また，歯ブラシ，絵筆，割り箸など，身近にあるものを使う工夫もある。

② **手入れの方法**

日常的に掃除機でほこりを吸い取り，雑巾がけをする。寝具類やベッドの下，布団が敷いてあった畳などは，十分に乾燥させ，カビやダニの発生を予防する。押し入れや本棚の中，風呂場や結露した壁や冷蔵庫の中はカビが生育しやすいので風通しを良くし，乾燥を心がける。もしカビが生えていたら

消毒用アルコールを噴霧して取り除く。失禁で汚れた場合はよく拭き取った後，洗剤や塩素系漂白剤で消毒すると良い。

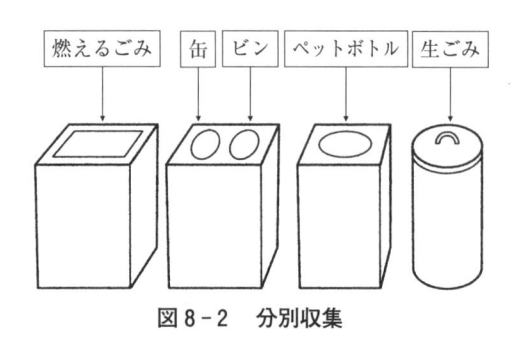

③　ごみ捨てについて

地域の自治体によって分別の方法が異なるので指示に従う。缶やビンの中身は捨ててきれいに洗う。スプレーは使い切って，穴を開けてから捨てる。

図8-2　分別収集

それぞれのごみの回収期日を間違えないよう，カレンダーに記入したりして確認する。また，余分な物をため込んでいると，ゴキブリの発生原因となることも多いので，賞味期限切れのものなどは定期的に点検し，対象者と相談のうえ処分する。

(4)　裁縫

日常生活において，ボタンや紐が取れたり，すそがほつれたり，破れたりすることがあるが，最低限は直せるようにしておきたい。

5　衣料・寝具の衛生管理

(1)　肌着・下着

素材については，皮膚に直接触れる肌着には肌触りが良く，皮膚に刺激の少ない汗や汚れの吸収の良い綿素材が適しており，織物よりニット（メリヤス）の製品が伸縮性にすぐれ適している。下着には頻繁な洗濯に耐えるような生地並びに縫製のしっかりしたものが良い。型崩れのしにくさを考えた吸汗性ポリエステル繊維に綿糸を巻きつけた，綿70％，ポリエステル30％のカバードヤーン製品なども開発されている。

日中にも寝る姿勢が多い場合，脇に縫い目のないもののほうが皮膚の刺激

が少ない。

　形の面からは，肩・上腕・肘が動かしにくい対象者には，シャツは前開きで袖つけ線上でゆとりのあるものが良い。背中が丸くなっている人には，背部にゆとりがあり，袖つけ線が前よりについているものが適している。介助が必要な場合は，袖口から介助の手が入れられるゆとりのあるものを，というように機能の低下度合いや介助の必要程度により，個別の対応が必要である。

　パンツは，場合によっては股割れパンツが操作時間が短くて便利なこともある。肌着の色については，失禁の見られる高齢者の場合，白色より汚れの目立たない肌色が良い。

(2) 昼間着

　楽しく装うことはその人の心を豊かにしてくれる。頻繁には外出できない機能低下のみられる人でも，ファッションを楽しむことは可能である。特に昼間着は着用時間が長いので，色・柄・デザインに配慮して自分でコーディネートし，被服を取り替えることにより，気分を変化させることもでき，心のケアには有効である。たとえ寝たきりであっても，寝衣から昼間着に着替え，生活に区切りをつけ，心と脳で昼と夜の切り替えをすることが望ましい。

　被服には着用者の生活行動を起こしやすい配慮や工夫をする。例えば，ポケットをつけたり，装着具を工夫することが望まれる。また，着脱が楽なように裏地をつけるなど，摩擦の少ない滑りやすいものにすることも大切である。

　一般に高齢者は，夏期でも肘が隠れる程度の袖丈を好む。肩や腕の動作機能が低下している場合は，その程度に応じて袖口はゴム式で手が自由に出し入れできるゆとりのあるものを着用する。おむつ着用者のズボンは，股上が深めでヒップのゆとりの多いほうがおむつは目立たなくなる。車椅子利用者も背中が出ないように，後面の股上のゆとりが必要である。

(3) 寝衣

　寝衣は着ていて楽しい雰囲気の色・柄・デザインのものを選ぶと良い。肌にじかに触れる寝衣は肌触りが良く，吸水性のある綿100％が原則である。

特に寝衣のしわで皮膚を傷めないよう，柔らかい生地のものを選び，背中や脇の縫い代(しろ)のないものが良く，ある場合は縫い代を外側にして皮膚に当たらないような配慮が必要である。

難燃性の素材を用いた防災パジャマや，体位変換が楽で着せ勝手の良い前あわせのロングタイプのもの，ファスナーで上肢(じょうし)・下肢(かし)部や前・脇部が自由に開閉でき，おむつの世話がしやすいものなどさまざまなものがあるので，着用者の機能に応じた被服を準備する。

(4) 寝具

高齢者の運動機能の低下，及び介護者の身体的負担を考慮すれば，布団よりベッドが好ましいと言える。また，体温調節機能が低下するため，寝具は保温性，吸湿性，放湿性にすぐれているものが望ましい。

① ベッド

介護用には上半身や脚部を部分的に上げることのできるギャッチベッドがある。このベッドは高さの調節も可能なので，自力で起き上がれる場合は本人の膝(ひざ)の高さに（30～45cm）に合わせると膝への負担が少ない。

おむつ交換や着替えなどを介護者が担う場合は，介護者の腰を痛めないために，介護者の腰の高さ（60～70cm）を目安とする。

床ずれ防止のために，エアーマットやウォーターマット，シリコンマットなどが開発されている。これらのベッドやマットは高価なため在宅に使用する場合はレンタルやリースを利用すると良い。

失禁のある高齢者には，布団の中央に防水布を敷く。その防水布には透湿防水素材のものや，防水層の上に吸水シート，ドライシートを重ねた3層構造のもの，綿パイルとポリウレタンの2層構造のもの，抗菌消臭効果があるものなど，蒸れの問題を改善した製品が開発されている。

② **毛布，かけ布団，敷き布団**

透湿性や保温性が高く，軽いものが望ましい。毛布には羊毛が，かけ布団には羽毛，中空ポリエステルなどが適している。

敷き布団は柔らかいと腰が沈み，圧が集中し寝返りを打ちにくくなる。ま

た，固すぎると褥瘡の原因となる。腰が沈まない程度の適度な固さが望ましい。木綿の敷き布団の場合，新品なら5年目に，打ち直し後は3年目で打ち直しをするとふっくらと新品のように生まれ変わる。

寝具の手入れとして，3日に一度は乾燥し，時々クリーニングなども利用すると良い。また，近年は抗菌・防ダニ加工が施され通気性も良く，クリーニングの容易な合繊綿で工夫された寝具もあるので，状況に応じて利用すると良い。

6　買い物

買い物も立派な家事の一つであり，自発的な気持ちが対象者に生まれるように楽しむつもりで，またリハビリテーションにもなるので生活の中に一定時間取り入れることが必要である。保存のきくもの，重量のあるものはあらかじめ用意しておき，生鮮食品，食べたいものは自分の足を運ぶようにする。それが一日のめりはりや生きてゆく意欲にもつながる。

対象者の意欲を引き出したり，膨らませたりすることは簡単ではないが，出先に知人や親しく会話をしてくれる人がいれば，その目的が楽しみに変化していくことを期待したい。

7　家庭経営，家計の管理

(1)　家庭経営

個人や家族が，家庭生活の中で発生した物質的・精神的諸生活欲求を充足するために，人・お金・物・時間，それに生活技術を運用することを「家庭経営」という。現在，家庭生活を取り巻く環境が大きく変化し，複雑化する中で，人間らしく生き生きと生きるためには，衣・食・住の営みや，金銭・時間の使い方や，交際・余暇の方法にも工夫が要る。

家庭生活を支える基盤となる収入の獲得，支出の配分，家庭の仕事の配分，

健康管理,生活設計などを誰がどのような形でやるのか,近年では共働きも一般化し,役割,関与に変化が起きている。家庭生活の中でさまざまに取り結ばれる人間関係のあり方が,家庭生活を構成する大きな柱の一つとなっている。

　高齢化に伴い生じる心身の変化への対応は,高齢期以前も含めた長いスパンで行われなければならない。従来のわが国の保健医療対策における医療保険や公費負担などの医療費保障への偏重,健康サービスの未整備,病院主義などからの脱皮が不可欠になっている。国の施策としては,老人保健法により総合的な制度の中での疾病(しっぺい)の予防,治療,機能訓練などが目指されているが,生活者自身も健やかに老いるためのさまざまの方策を実行する必要があるだろう。寝たきりの高齢者や認知症高齢者を一人でも少なくするためには,若い時期からの生活習慣の改善が重要である。複数の生きがいを保持し,状況に応じて柔軟に自己実現を果たしていくことが求められている。

　いままでのように,高齢層が他の世代に全面依存することは,不可能な時代になっている。また,高齢者自身にとっても,心身の自立は高齢化時代を積極的に享受する不可欠の要件でもある。生き生きとした高齢者の姿は若者にも希望と勇気を与えるであろう。そのためにも,すべての高齢者が安心して老後を送るための土台作りに,個人も社会も全力をあげて取り組んでいかなければならない。

(2) 家計の管理

　家庭の経済は国民経済を構成するものであり,家計は家庭の機能を果たす世帯の収入と支出の総体を言う。また,家庭の経済は収入と支出のバランスの上に立っている。

　そこでは,生活に必要とされるさまざまな支出もある。しかし,世帯の生計を営むための収入はある程度決められたものであり,その範囲内でさまざまな生活を満たす使い方がなされなければならない。そのためには家計調査による支出項目を知り,検討し,必要な部分は改善していくことが望ましい。

(石崎利恵・山田多賀子)

第9章

自立に向けた睡眠の介護

　睡眠は健康な生活を送るうえで重要な要因である。人は一日の終わりに睡眠をとり，明日への活力とする。適切な睡眠は目覚めの爽快感や満足感を与え，対象者のQOLを高める。しかし，いったん睡眠障害が起こると，特に高齢者では，体力の低下や生活リズムの変調から不穏行動や昼夜逆転といった現象に発展する。本章では，睡眠の意義と目的を理解し，睡眠経過や睡眠に影響を与える要因及び快適な睡眠への援助方法について学ぶ。

1　睡眠のメカニズム

　睡眠にはレム睡眠とノンレム睡眠の2種類がある（表9-1）。
　レム睡眠（REM = Rapid Eye Movement）は眼球の急速な運動と，筋肉の弛緩及び呼吸・脈拍・血圧が変化し不安定な状態であることが特徴である。一方，ノンレム睡眠では，筋肉は比較的緊張状態で，呼吸・脈拍・血圧は安定し変化がない状態であることが特徴である。

	ノンレム睡眠	レム睡眠
眠りの深さ	ぐっすりと寝入った深い眠り	浅い眠り
夢	夢は見ていない状態	夢を見ている状態
筋肉の状態	緊張	弛緩
呼吸・脈拍・血圧	変動なく安定	変動があり不安定

表9-1　レム睡眠及びノンレム睡眠の特徴

(1) 睡眠経過

　レヒトシャッフェン（Rechtschaffen, A.）＆ケイルズ（Kales, A.）（1968）

による国際基準に従って，睡眠経過は次のように記述される。

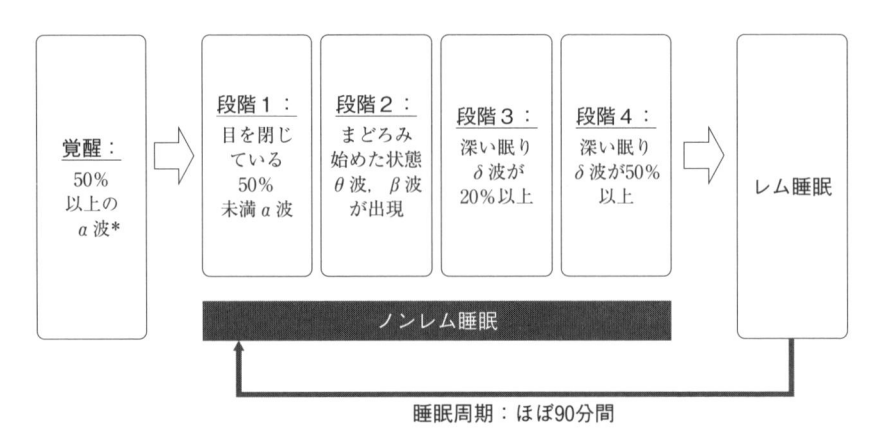

図 9-1　睡眠経過
（Rechtschaffen, A. & Kales, A. による国際基準に基づいて執筆者作成）

```
覚醒：          段階1：      段階2：      段階3：      段階4：
50%以上の      目を閉じ     まどろみ    深い眠り    深い眠り        レム睡眠
α波*          ている      始めた状態   δ波が      δ波が50%
              50%未満α波  θ波，β波   20%以上    以上
                          が出現
              ─────────── ノンレム睡眠 ───────────
              睡眠周期：ほぼ90分間
```

　ノンレム睡眠に含まれる 4 つの段階とレム睡眠を合わせた 5 つの段階を「睡眠周期」と呼ぶ。「睡眠周期」は，ほぼ 90 分周期で，4～5 回繰り返される。一晩の「睡眠周期」は一定ではなく，深いノンレム睡眠（段階 4）が前半 3 分の 1 に見られ，後半 3 分の 1 にレム睡眠が多くみられる。

(2) サーカディアンリズム（概日リズム）

　人は約 24 時間周期の生体リズムで，朝になると目覚め，活動し，夜になると眠るという一定のリズムでコントロールされている。これにより朝になると目覚め，夜になると眠るという一定のリズムをほぼ 24 時間（実際には 25 時間）で繰り返している。これをサーカディアンリズム（概日リズム）といい，視床下部の視交叉上核がこの生体リズムを管理している。視交叉上核が視神経を通して環境の明るさの変化から生体リズムの周期を 24 時間に修正する。

---

*　α波：健康な成人の場合，安静，リラックス，閉眼している場合に生じる。β波：精神活動が活発に行われている場合に現れる。θ波：トロトロと眠くなった場合に現れる。まどろみ。δ波：ぐっすり寝ている時に現れる。

第9章 自立に向けた睡眠の介護

2 睡眠に影響を与える要因

　人を取り巻く環境要因や身体的要因，心理的要因，日常生活上の要因など，さまざまな要因がサーカディアンリズムに影響を及ぼし，結果的に睡眠の質と量に影響を及ぼすと予測される。

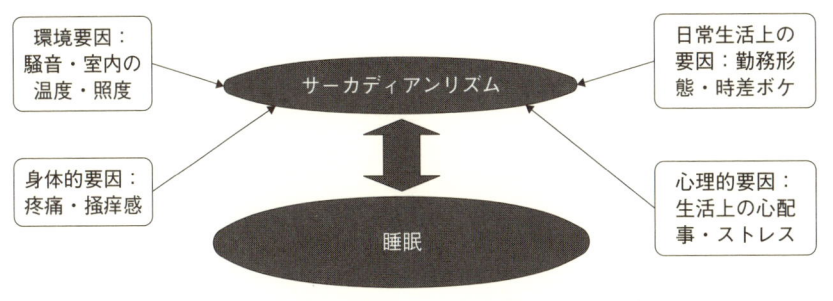

図9-2　睡眠に影響を与える要因（執筆者作成）

環境要因：騒音・室内の温度・照度
身体的要因：疼痛・掻痒感
日常生活上の要因：勤務形態・時差ボケ
心理的要因：生活上の心配事・ストレス
サーカディアンリズム
睡眠

3 高齢者の睡眠

① 加齢に伴う睡眠の変化

　加齢に伴って，サーカディアンリズム（概日リズム）を管理している視交叉上核の細胞数が減少すること，さらに，サーカディアンリズムによる睡眠―覚醒リズムを調整する松果体で産生されるメラトニンが減少することによって，睡眠の質及び構造に変化がみられる。

② 高齢者の睡眠の特徴

　NHKの国民生活調査によると，70歳以上の男女半数は午後11時には入眠しており，平均睡眠時間は8時間を超えている。高齢者の場合，平均睡眠時間は他の年齢層に比べて比較的多いにもかかわらず，若年層に比べ，睡眠に関する問題を訴える高齢者の割合は1.5倍であるといわれている。

　高齢者の睡眠の特徴として，ベッドで過ごす時間は長いが，実質的な睡眠時間は減少している。さらに，入眠するまでの時間が延長し，夜間に何度も

起きるなど途中覚醒や再入眠困難が挙げられる。また，睡眠の質としてはノンレム睡眠の段階3や段階4に見られる「深い眠り」が減少し，ノンレム睡眠の段階1の「浅い眠り」が増加する。さらに，騒音などの環境因子や身体的疾患から生じる痛みなどにより，睡眠は妨げられやすい状況にある。

- 入眠困難
- 睡眠効率の低下
- 睡眠に対する満足感が減少
- 早期覚醒
- 途中覚醒
- 深い眠りが少なくなる

図9-3　高齢者の睡眠の特徴（執筆者作成）　　　　　　（木村洋子）

参考文献

(1) Clete A. Kushida : Deprivation : Basic Science, Physiology, and Behavior, New York, 2005, pp121-156.
(2) P. Lavie : Sleep-Wake As A Biological Rhythm, Annual Review of Psychology, 2001.
(3) Kenneth L. Lichstein : Epidemiology of Sleep : Age, Gender, and Ethnicity, 2004, pp152-176.
(4) M. Mezey : Geriatric Nursing for Best practice, pp47-65, 2007.
(5) T. Roehrs, T. Roth : Sleep, Sleepiness and Alcohol Use, Alcohol Research & Health, 25(2), 2001.
(6) 阿部俊子監訳『ベストプラクティスのための高齢者看護プロトコル』医学書院，12-23頁。
(7) 伊藤明日香，綿祐二「要介護高齢者のQOL指標に関する研究，日常生活における快の情動について」『文教学院大学研究紀要6(1)』2004年，201-214頁。
(8) 高橋三郎他訳『DSM-Ⅳ-TR精神疾患の分類と診断の手引』医学書院，2003年。
(9) 田中秀樹「眠りの科学，高齢者の睡眠改善」『看護研究』40(2)，2007年，79-85頁。
(10) 社団法人日本老年医学会編，中島亭「加齢と概日リズム」「高齢者と精神医療」『改訂老年医学テキスト』MEDICAL VIEW，240-241頁。
(11) 山口成良「睡眠障害」『CLINICIAN』No.380，1989年，426-431頁。

第9章　自立に向けた睡眠の介護

4　自立を促す睡眠の介護の必要性

　対象者にとって，自立を促すための睡眠の援助は日常の基本的活動や，生活を楽しむ体力の回復などの役割を持つ。特に介護の主な対象となる高齢者にとって，睡眠は思考回路を明瞭に保つ集中力の回復につながる。しかし，生活の自立が十分できない対象者は，活動量の低下から休息と睡眠の区別が曖昧になる傾向がある。そして，睡眠不足や睡眠のとりすぎといった睡眠障害が起こる。睡眠障害は夜間の不穏行動や昼夜逆転などを引き起こし，生活リズムや生活そのものに影響することがある。

　十分な睡眠をとれているかどうかは，目覚めの爽快感や満足感で判断することが多い。しかし，加齢による睡眠経過パターンや概日リズムの変化は，一日の合計睡眠時間は増加させるが睡眠の質を低下させる。朝の目覚めの爽快感や熟睡の満足感が得られない場合，体力の回復が実感できないことがある。そして，日中の活動に影響を及ぼし，自立の妨げとなる。したがって，心身ともに健康で自立した生活を送るためには短時間でも質の高い睡眠が必要である。

5　爽快な目覚めのための援助

　自立を促す睡眠の援助の目的は，いかにして目覚めの爽快感が得られ，満足のできる睡眠が得られるかである。高齢者が熟睡ではなくとも満足のいく睡眠を確保し，目覚めの爽快感を得られる援助が必要である。

① **睡眠経過パターンの変化に対する援助**

　高齢者の場合，深い眠り（段階3と段階4）がほとんどない。つまり，基本的に熟睡感が得られない状況にある場合が多い。音や光により心地良い目覚めの環境をつくるなど，熟睡以外で爽快感や満足感が得られる援助を工夫する必要がある。

② **概日リズムの変化に対する援助**

概日リズムの変化も高齢者では改善が難しい。しかし，残された機能を使い，少しでも睡眠の質を高めることはできる。つまり，太陽の光に反応し24時間をサイクルとする生活のリズムを整えることが高齢者の睡眠の質を落とさない援助として重要である。

6　自立を促す睡眠の介護の実際

(1)　日常生活のリズムを整える

①　毎日同じ時間に起床し，同じ時間に就床する

朝の日差しを感じて起床し，日が暮れると就床するという生活リズムは人間にとって生理的・基本的生活である。そして，この基本的な生活リズムを維持することは，加齢による睡眠の質の低下を予防することになる。そこで，まず，毎日決まった時間に起床・就床する生活ができるよう援助する必要がある。朝，無理やり起こすのではなく自然なかたちで目覚めるように生活リズムを整え，継続できるようにすることが重要である。そのためには，後で述べる活動と休息の区別をし，日中は身体を十分覚醒させる必要がある。

②　規則正しい食事を行う

食事は空腹を満たし栄養を補給するだけでなく，食事をするという行為自体が刺激となり，大脳を働かせ消化器における分泌や運動に働きかける。1日3回規則正しく食事をすることで，腸の蠕動運動を促進し規則正しい排泄習慣も作り出す。つまり，規則正しい食事は生活リズムを整える働きをする。

③　活動と休息の区別をつける

対象者は活動性も低下している。加齢による身体機能の低下が特徴的な高齢者は，四肢筋力の低下や関節の拘縮，痛みといった身体的要因により活動性が低下する。しかし，それだけでなく，気力にも影響し「動きたくない」といった心理的活動性の低下を引き起こす。その結果，生活の場でも日中も布団の上で過ごし，活動と休息の区別がつきにくい生活になりやすい。そこで，まず，朝起床とともに服に着替え，夜就床時は寝衣に着替えるといった，

昼夜の活動と休息の区別をつける必要がある。病院から介護老人保健施設に移った直後の高齢者は，病院の延長と考えることもあり，寝衣での生活を継続することもある。しかし，よほどのことがない限り，生活では衣服を区別することが望ましい。特に寝たきりの状態では着替え以外にも音楽や光などのさまざまな工夫をして意識的に活動と休息の区別を図る必要がある。

また，昼夜の区別だけでなく，日中の活動と休息も区別し生活にメリハリをつける必要がある。適度の規則的な昼寝は活動の体力を高め，夜間の良眠につながるため，生活リズムを崩さない短時間（30分程度）の昼寝を行うことも良い。特に高齢者では午前中の活動に対する疲労回復のため，午後に休息を必要とする人もいる。しかし，夕方以降の昼寝は避ける。

昼夜の区別が曖昧な状況では，昼夜逆転が起こることもある。そして，昼間に無理に覚醒させ夜間の睡眠を期待してもすぐに戻るものでもない。生活リズムを整えながら元に戻していくことが大切である。

④ 身体の覚醒を保つ

活動と休息を区別するには，日中は体を動かし，身体の覚醒状態を保つ必要がある。また，日中，身体の覚醒を保つためには，朝はしっかり目を覚ますことが重要である。日中の活動を促す援助では，特に運動するのではなく，まず食堂へ行って食事をし，トイレへ行って排泄し，浴室へ行って入浴するという基本的生活の中で体を動かすことから始める。基本的な日常生活でも高齢者にとっては体力を使う行動で，行動の刺激は身体の覚醒を促す効果がある。基本的な生活リズムを確保する方法として以下が考えられる。

まず，朝起床して服を着替え，洗面・整髪を行う。この時，男性はひげを剃り，女性は化粧（乳液や化粧水を使う）を行う。朝食はしっかり食べる，毎日排泄を行うなどである。これらは，ごく当たり前の生活リズムであるが，対象者は一人ではできないことが多い。一つひとつ声をかけながら見守り，部分介助，全介助を行うと良い。

そして，午前中に軽い運動や日光を浴びる散歩を行う。屋外で園芸を行うのも良い。昼食後は30分程度昼寝し休息を取る。午後は書道・カラオケ・手芸・談話など他者との交流や趣味の時間を持つ。夕食の前に軽い運動を行う。

夕食後1時間ほどで入浴を行い，就寝の準備をし，就床する。

　日常の生活行動以外では，日中に人と会う，話をする，趣味を楽しむなども活動性を高め，夜間の睡眠の質を確保することにつながる。介護施設では，介護スタッフやボランティアが話しかけたり，アクティビティを目的としたさまざまな日課を計画するなど日中の覚醒を図る援助が実施される。日課・週課を定め，焦(あせ)らず生活リズムを調整していくことが重要である。

(2) 生活リズムの中で行う睡眠の援助

① 入眠の援助

　爽快感・満足感を得る睡眠では寝つきの良さも影響する。つまり，「眠りたい」という意思に従ってスムーズに入眠できることである。睡眠をとろうと体勢を整えたのに眠れないことは心理的な苦痛を生じる。これは，不眠の訴えとしてよくある状況である。

　スムーズに入眠するために，それまでをしっかり覚醒しておく必要がある。日中は起きて活動することはもちろん，夕方以降の昼寝はせず，反対に軽い運動を行い身体を覚醒させる。朝夕に軽い運動を取り入れるのも良い。

　また，体の深部体温も概日リズムを持ち，体温の変化は睡眠にも影響する。深部体温が下がり始める頃に眠りに入るため，入浴や足浴で体を温めると温まった体温が下がる時，スムーズな寝つきが得られる。

　さらに，寝る前にコーヒー・紅茶などのカフェインやアルコールも入眠に影響するので摂取はひかえる。しかし，胃や腸といった消化器が働いているほうが交感神経の働きが抑制され，副交感神経の働きが活発になり入眠が期待できる。したがって，コップ1杯の暖かいミルクなど少量の消化の良い食べ物を摂取することも効果がある。

　部屋，寝具などを工夫し心身ともにリラックスした環境で入眠することも大切である。脳の活動を抑え筋肉の弛緩を誘うリラックスできる環境とは，感覚的刺激が心地良いものということだろう。すなわち，薄暗い光，雑音のない圧迫感のない空間，好みの音楽の流れる空間，快適な室温，リラックスできる寝具の硬さ・柔らかさ・肌触り・暖かさ・重さ，枕の硬さ・高さなどである。

個人的な入眠導入の習慣も大切にする。例えば，寝る前にラジオを聞く，本を読む，日記を書くといった，いままでの習慣を大切にする。

さらに，高齢者は足・腰の痛みやしびれで眠れないこともある。このような時は症状の軽減に努める。

② 睡眠中の援助

爽快感・満足感が得られない睡眠では，夜間に何度も目が覚めることがある。目覚めてからまたすぐに入眠できないことが睡眠に対する満足度の低さにつながっている。この状況も不眠の訴えとして多い。夜間の中途覚醒は，加齢による睡眠経過パターンの変化からも明らかである。したがって，睡眠中の援助としては，中途覚醒を可能な限り少なくする援助が必要である。具体的には中途覚醒を誘うような騒音，光，振動，温度といった環境を整えることである。また，加齢による循環機能の低下は尿生成の働きを夜間に集中させ夜間にトイレの回数が増える*。そのため，十分な睡眠が得られず朝の爽快感が得られないことがある。夜間のトイレ回数を減らすため，可能なら就床前の飲水は避ける，あるいはトイレまで行かなくてすむように夜間ベッドサイドに尿器やポータブルトイレを置くのも睡眠の援助の一つである。

③ 心理的な環境調整

入眠がスムーズにいかない，夜間覚醒したら眠れなくなる，といった睡眠の障害の要因として心理的問題がある。高齢者は身体，心理，社会的にさまざまな喪失感を抱え，悩みや不安，希望の喪失などを持つ。夜間，他の人が寝静まった暗闇の中でネガティヴシンキングが始まり脳が覚醒され，なかなか寝つけないことがある。介護者がベッドサイドで対象者の話に耳を傾けることも精神的安定となり入眠の効果がある。

(3) 不眠を訴える時の援助

---

* 高齢者の夜間頻尿の要因：高齢者が夜間頻尿になる根拠の一つに心臓の機能の低下がある。加齢により心臓の機能が低下すると血液の循環も悪くなる。そして，日中は活動するために血液は筋肉や脳・心臓の循環量が増える。反対に，夜間に身体が休息する時に腎臓を循環する血液の量が増え，尿の生成も活発になりトイレの回数も増える。その結果，尿意により覚醒する回数が増える。

不眠の訴えは，対象者が朝目覚めの悪さを訴えた時，夜間に眠れないとコールがあった時，あるいは「最近夜中によく目を覚ます」と訴える時などがある。このような時，まず原因を見つける。いままで述べた覚醒と睡眠の状況，音・寝具などの環境因子，痛みや不安・心配などの心身の問題などから要因を考え対応していく。また，訴えはないが，朝起きたばかりなのに朝食後昼寝をしているなど観察から推測できることがある。認知症の高齢者では夜中に徘徊や興奮により睡眠をとらず，日中を軽眠傾向で過ごすことから昼夜逆転していると判断できることもある。

　病院や高齢者施設など集団生活での不眠の訴えは同室者のいびきや夜間の動きによる騒音といった他者との関係性が原因になることがある。一人に対応するのではなく，施設という社会の生活リズムを整えることも必要である。

　不眠のため薬を飲んでいる対象者もいる。介護者は薬の効果や副作用，いつ飲んだか，効き始める時間，持続時間を知っておく必要がある。夜間排泄の時ふらついたり，いままで通りの覚醒ができなかったり，薬の効果と副作用により生活リズムが乱れることもある。　　　　　　　　　　　（吉村雅世）

参考文献

(1) 社団法人日本老年医学会編，中島亨「加齢と概日リズム」「高齢者と精神医療」『改訂老年医学テキスト』MEDICAL VIEW，240-241頁。
(2) I. Abraham, M. Bottrell, T. Fulmer, M. Meaey，宮本有紀訳『高齢者の睡眠障害』医学書院。
(3) 阿部俊子監訳『ベストプラクティスのための高齢者看護プロトコル』医学書院，12-23頁。
(4) 田中秀樹「眠りの科学【2】高齢者の睡眠改善」『看護研究』40 (2)，2007年，79-85頁。
(5) 田中秀樹，古谷真樹「眠りの科学【3】快眠のための1日の過ごし方・望ましい睡眠環境」『看護研究』40 (4)，2007年，101-109頁。
(6) 折茂肇監修「日常生活看護のポイント　睡眠」（川幡富子）『高齢者の特徴と日常生活看護のポイント』メジカルビュー，2003年，120-125頁。
(7) 福祉士養成講座編集委員会編「日常生活における基本介護の技法睡眠の援助」（内田千恵子）『介護技術』中央法規出版，1999年，280-285頁。

第10章

終末期の介護

　高齢者の死亡場所は依然として病院であり続けると思われる。しかし，近年，日本の高齢者の終末期の介護は在宅あるいは施設で受ける状況が増えてきていることも事実である。終末期にある高齢者の最も安楽で尊厳に満ちた死を可能とすることは，介護職としての私たちのチャレンジでもある。

1　終末期における介護の意義と目的

事前意思確認

　ケア提供者は，一般的に終末期高齢者及びその家族と，死について率直に話し合うことを避ける傾向がある。しかし，家族は終末期において，医師や他のケア提供者と，もっとコミュニケーションをとりたいと望んでいるという研究報告がある（Mitchell, Berkowitz, Lawson, & Lipsitz, 2000 ; Stewart et al., 1999）。しかし，ほとんどの家族は，十分な支援やコミュニケーションをとったとは感じていない。家族は，治療の選択に困って，どうすれば良いのかわからなかったと報告している。また，終末期の医療やケアについて，望んだケアを患者が受けられなかったと感じている家族は，多くのストレスを経験するといわれている。一方，事前指示をよく理解し，納得したうえで意思決定ができた家族は，心の平安を感じ，最良の終末期ケアを受けたと感じている（Tilden & Tolle, 2001）。

　つまり，ケア提供者は病気の予後や死を受け入れる心理的な準備について，終末期高齢者や家族と，はっきりと話し合うことが必要不可欠である。ハンソン（Hanson）らによる調査（2002年）では，包括的事前計画を立てるにあたり，障害となる事例を2つ示した。一つは，患者や家族に回復への虚偽の

希望を与えた例，また医師が予後を家族にはっきり知らせず，家族と医師が終末期について話し合う時間を持たなかった例である。

質の高い終末期におけるコミュニケーションは長時間を要する。終末期ケアの改善には，ケア提供者が家族と終末期の要望について話し合うのに必要なコミュニケーション技術を身につけることが重要である。

全米医療協会倫理研究所（AMA*）は，終末期に事前ケア計画を話し合うため，「話し合いによる同意モデル」によるコミュニケーション法を開発した。このモデルは，AMA によって数年前に開発された終末期ケアにおける8原則に基づいている（表10-1参照）。

1　患者は，終末期ケアについての，話し合いや立案の機会を持つべきである
2　心身の苦痛に十分注意を払い，快適さの確保に向けた処置が行われるべきである。
3　個人の尊厳が優先事項となるべきである。
4　患者が延命処置を希望しない場合，その意思は尊重されるべきである。
5　終末期患者本人の望み（達成目標）に注意が向けられるべきである。
6　家族や周囲の人達の負担になっているという患者の思いは，最小限に抑えられるべきである。
7　医師は，患者のケアマネジメントを，最期まで放棄することなく継続すべきである。
8　介護提供者は，家族が悲しみに対処し，事後に適応していけるよう支援すべきである。

表10-1　AMA による終末期ケアにおける原則

---

① 終末期におけるコミュニケーション

終末期におけるコミュニケーションは，医師やケア提供者と家族との間で，相手の意見を聞いたり，説明したり，話し合ったりして，家族の望む治療計画を立案するためのコミュニケーション法である（Karlawish JHT et al., 1999）。

ケア提供者は実際に家族が話す言葉だけではなく，非言語的行動や表情という観点からも，家族の気持ちを察することができなくてはならない。終末期の話し合いは，家族のプライバシーに配慮し，自由に自分の気持ちを話すことができる個室で行うべきである。また，ケア提供者は個人的な問題を他の入所者やスタッフの前で話す傾向があるが，家族の気持ちを察し，そのよ

---

* AMA（The Institute for Ethics for the American Medical Association）：全米医療協会倫理研究所

うなことは慎まなくてはならない。ケア提供者は終末期高齢者の状態について家族が何を理解しているかを正確に知る必要がある。家族は問題となっている疾病の予後や進行について，はっきりと理解しているのか。医師が家族に終末期高齢者の状態が現在の状況に達するまでの経過を説明する目的は，疾病や症状に対する家族の理解度の情報を得るためである。家族の価値観やケアの目標，さらに家族が予想する終末期高齢者の望みについて話し合われなければならない。家族間で，治療法について意見が一致しないことも多い。

　例えば，経管栄養を開始すべきかどうかなどである。このような意見の不一致で，家族が非常に感情的になることもある。医師は，どのような治療を行うことができるのか，終末期高齢者や家族が選べる選択肢を説明し，そしてそれらについての彼らの意見を聞き，ゆっくりと時間をかけて話し合う。ケア提供者の主な役割は，聞き手に回り，彼らの話を促すことである。話し合うことで，彼らの望むことを発見することができる。ケア提供者は，終末期高齢者に関連した具体的な実例を挙げて，彼らにとって好ましい対応策を決定し，話し合うようにすべきである。

　一例として，症状の進んだ女性の終末期高齢者をAさんとする。Aさんはアルツハイマーの末期段階で，もはや食べることができず，嚥下が困難で，嚥下障害による肺炎で治療を受けている。自力で歩行はできない。彼女の夫は，数年間ずっと彼女の昼食を施設に運んできた。もし，経管栄養を行うと，その大切な夫婦としての絆が失われることになる。そして彼女は食事の香りや味わいを失うことになる。夫はケア提供者と率直な話し合いを持ち，経管栄養にすることで，彼女のQOLを大きく損なうという結論に達した。ケア提供者は，夫に嚥下障害を持つアルツハイマー患者への食事の与え方について適切な技術を教えた。結局，夫は言語療法士の支援を受け，安全により多くの食べ物を彼女に与えることができた。夫は非常に満足することができたし，結果的に彼女はなんとか肺炎から回復した。数ヵ月間の安定期の後，再び彼女に痛み，咳，熱，不安といった症状が出現し，嚥下障害が悪化した。夫は，再度医師と面接を持ち，話し合ったが，やはり経管栄養は拒否した。ケア提供者は快適さに重点を置いたケアプランを作成した。つまり，彼女は

好物の食べ物の香りや味わいを楽しみ，また清潔に保つケアも受けた。人工的な流動食及び栄養補助は与えられなかったが，7日後，彼女は穏やかに死を迎え，彼女の死が尊厳に満ちていたことで，夫は満足を感じることができた。

　家族と終末期ケアについて話し合った後の，一つの重要なステップは，医師が，将来治療を決定するための拠り所とする家族の要望を明白に文書化することである。理想的には，終末期の要望を事前指示文書に含めることが望まれる。終末期高齢者が施設から病院に搬送される場合は，その文書も一緒に送られることになる。

　② POLST

　POLSTは，患者や家族の要望が，医師の指示する治療という形で書かれている文書である。POLSTとは，"Physician Orders for Life-Sustaining Treatment"を意味し，「生命維持治療の指示」と訳される。終末期ケアの不満足から起こる法的問題のリスクが減少したという状況からみても，POLSTが患者や家族の希望を守るのに非常に効果的であり，ケアに対する満足感を改善したことが明らかになっている（Lee et al., 2000）。

　この書類は医師の指示書となり，主治医による署名が必要不可欠である。一般に事前の意思決定を必要とする主要な医学的治療分野とは，家族がCPR*，医学的治療，快適さのみを望むか，入院を望むか否か，抗生物質を望むか否か，人工栄養や点滴を望むか否かである。これらがPOLSTの主な分類項目である。また，病院への搬送を望むか否かについての指示も含まれている。

　POLSTは終末期介護において高齢者とその家族のQOLの向上に重要な役割を果たすものである。

2　終末期における対象者のアセスメント

---

*　CPR（Cardio Pulmonary Resuscitation）：心肺蘇生法。病気やけがなどにより，呼吸停止，心停止，またはこれに近い状態になった時，傷病者を救命するために行う呼吸及び循環の補助方法である。

第 10 章　終末期の介護

ICF の視点に基づくアセスメント

　ICF（国際生活機能分類）とは 2001 年に WHO（世界保健機構）で採択された「生活機能・障害・健康の国際分類」である。1980 年の ICIDH（国際障害分類）による障害の捉え方がマイナス面を分類するという考え方が中心であることに対し，生活機能というプラス面の視点と，環境因子などの観点を加えたものである。ICF はすべての人に関する分類である。あらゆる健康状態に関連した健康状況や健康関連状況は ICF によって記述することが可能であることから，ICF の視点に基づくアセスメントを，ターミナル期においても重要な視点として位置づけたい。

　上田（上田敏，2005）は ICF の基本特徴を以下のように示している。

　まず，人が生きていく姿の全体を生活機能として捉える。生活機能は人が生きることとし，「心身機能・構造」「活動」「参加」が生活機能の 3 項目のレベルとしている。

　① 「心身機能・構造」＝生命レベル（Body Functions and Structures）

　心身機能は，手足の動き，精神の働き，視覚・聴覚などの機能。構造は，手足の一部，心臓の一部（弁など）などの体の一部。

　② 「活動」＝生活レベル（Activity）

　生活行為，すなわち生活上の目的を持ち一連の動作からなる具体的な行為。日常生活行為（ADL），家事行為など社会生活上必要な行為，余暇活動など。

　③ 「参加」＝人生レベル（Participation）

　人生のさまざまな状況に関与し，そこで役割を果たすこと。社会参加だけでなく，主婦としての役割，仕事場での役割，趣味に参加することなど。

　次に，生活機能に影響を与えるものを，背景因子として捉える。背景因子には，「環境因子」と「個人因子」とに分かれる。

　① 「環境因子」＝（Environmental Factors）

　物的には，建築・道路・交通機関・福祉用具など。人的には，家族・友人・仕事上の仲間など。社会的には，社会的な意識。制度的には，サービス・制度・政策など。

　② 「個人因子」＝（Personal Factors）

その人固有の特徴をいう。年齢・性別・民族・生活歴（職業歴，学歴，家族歴等々）など。

上田は「生活機能・障害は障害のある人の現状を解釈するためではなく，よりよい方向に変えるためにこそある」と述べており，ICFの活用は，マイナス要因を減らすことよりも隠れたプラス要因，すなわち潜在的なプラスを引き出し伸ばすことの重要性を述べている。ここから，ICFの視点に基づくアセスメントは，ターミナル期においてもプラスを引き出し伸ばすことで，最後まで豊かな生活を支援することへの一助となるのではないかと考える。

構成要素	第1部：生活機能と障害		第2部：背景因子	
	心身機能・身体構造	活動・参加	環境因子	個人因子
領域	心身機能身体構造	生活・人生領域（課題，行為）	生活機能と障害への外的影響	生活機能と障害への内的影響
構成概念	心身機能の変化（生理的）身体構造の変化（解剖学的）	能力標準的環境における課題の遂行実行状況現在の環境における課題の遂行	物的環境や社会的環境，人々の社会的な態度による環境の特徴がもつ促進的あるいは阻害的な影響力	個人的な特徴の影響力
肯定的側面	機能的・構造的統合性	活動参加	促進因子	非該当
	生活機能			
否定的側面	機能障害（構造障害を含む）	活動制限参加制約	阻害因子	非該当
	障害			

表10-2　ICFの概念

出典：厚生労働省「国際生活機能分類—国際障害分類改訂版—」（日本語版）2002年

図10-1　ICFの構成要素間の相互作用

出典：厚生労働省「国際生活機能分類—国際障害分類改訂版—」（日本語版）2002年

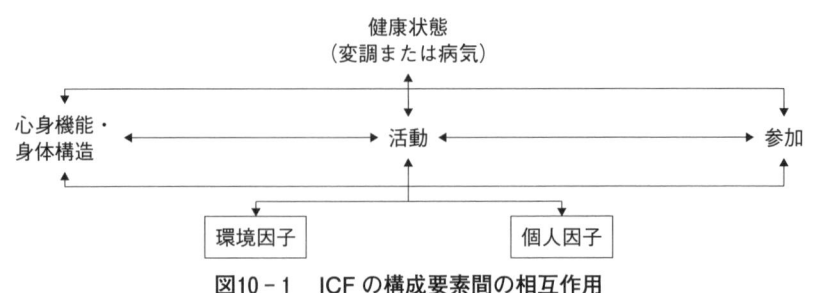

3 医療との連携

(1) 関係機関との連携の有用性

　治療行為により回復が見込めないターミナル期は，治癒のための医療行為ではなく，緩和ケアを重点としたものに主軸が置かれる。これは，身体的にも精神的にも苦痛を軽減することができ，残された時間を有意義なものにすることが可能となる。対象者のQOLの質を高めるためにも，ケア提供者と，医療との連携は必要不可欠である。多職種との連携は，各々の専門性を発揮し合い，支援の方針を一致させ，その方針に対し協働し，ケア提供者の一員としての役割を明確にさせる。

　対象者と家族から得た情報や現在の状況などを的確に把握し，医療者へと伝達し，また医療者側の治療方針や看護ケアなどの情報を収集し，双方向での意思確認のもとに，ケアを実践することが重要である。ケアにおける共通認識を確認することは，双方のケアの統一性と方向性を一致させることができ，それはケアの質を保つために必要である。さらに連携には，ケースカンファレンスが必要不可欠である。

(2) 看取りのための制度

　平成18年の介護報酬改定において，介護老人福祉施設などの入所者の重度化に対応し，夜間を含めた看護体制の強化や看取り体制を整備する観点から，重度化対応加算やこれを前提とする看取り介護加算などを創設した。終末期における支援は，さまざまな制度を十分把握したうえで，対象者にとって必要なニーズに応じた活用を行うことが重要である。

　なお，制度は根拠法により定められており，適宜改正が実施されているので，改正された内容は常に情報の更新を行うことに留意する。

① 重度化対応加算

　重度化対応加算の要件は，次のすべての要件を満たした場合に算定できる。

- 常勤の看護師を1名以上配置し，看護に係る責任者を定めていること。
- 看護職員により，または病院もしくは診療所もしくは訪問看護ステーションとの連携により，24時間連絡体制を確保し，かつ必要に応じて健康上の管理などを行う体制を確保していること。
- 看取りに関する指針を策定し，入所の際に入所者またはその家族などに対して，当該指針の内容を説明し，同意を得ていること。
- 看取りに関する職員研修を行っていること。
- 看取りのための個室を確保していること。

  ② **看取り介護加算(Ⅰ)**
  1) 以下の基準に適合する看取り介護を受けた入所者であること。
- 医師が一般に認められている医学的知見に基づき，回復の見込みがないと診断した者であること。
- 入所者またはその家族などの同意を得て，当該入所者の介護に係る計画が作成されていること。
- 医師，看護師，介護職員などが共同して，少なくとも一週につき一回以上，本人またはその家族への説明を行い，同意を得て介護が行われていること。
  2) 1)の入所者が当該施設又は入所者の居宅において死亡すること。

  ③ **看取り介護加算(Ⅱ)**
  1) 看取り介護加算(Ⅰ)と同様の看取り介護を受けていること。
  2) 1)の入所者が，当該施設以外の介護保険施設または医療機関において死亡すること。
  3) 介護保険施設または医療機関に入所または入院した後も，当該入所者の家族指導や当該介護保険施設または医療機関に対する情報提供などを行うこと。

4　グリーフケア

臨終時の対応

　グリーフケアとは，家族を失った遺族の悲嘆や喪失感を支援することであ

る。大切な者を失った悲しみ、さらには遺された者の孤独感に対する理解が支援をする際には求められる。

アルフォンス・デーケン（Alfons Deeken, 1986）は、遺族の悲嘆の度合いを、①精神的打撃と麻痺状態、②否認、③パニック、④怒りと不当感、⑤敵意とうらみ、⑥罪責感、⑦空想形成ないし幻想、⑧孤独感と抑うつ、⑨精神的混乱と無関心、⑩あきらめ、⑪新しい希望―ユーモアと笑いの再発見、⑫立ち直りの段階―新しいアイデンティティの誕生、の12段階に分析している。このような段階の反応を理解し、遺族の回復過程を支援することが必要である。

この過程においては、各段階での反応の程度や回復に要する期間はさまざまであり、対象者の死への背景がさまざまであるように、個別的な差異が大きいことを念頭に入れておく必要がある。

遺族の悲嘆は、「悲しみ」「孤独」「喪失感」などのネガティブな要素だけではなく、回復過程を経て遺族の新しいアイデンティティを形成する過程でもあることを理解しておくことが重要である。このような体験から、新たなアイデンティティの獲得への支援であるともいえる。

家族は、対象者とのこれまでの関係や介護を行う経過の中で、無力感や自責の念なども持つことがあり、時には身体的にも精神的にも健康を保つことができなくなる場合がある。介護者は、対象者への支援のみならず家族への支援にも配慮が求められる。

金川（金川克子, 2005）らはグリーフケアのスキルを次のように示している。
① 助言者ではなく、悲しみを共有するよき聞き手となること。
② 遺された人が生前の関係や看取りの問題に関して罪意識を抱いているならば、代償行為となるもの（例えばボランティア）を示唆するのも良い。
③ 死者への思い出を消すことなく、悲嘆や喪失感が新しいアイデンティティの獲得や新しい生活への力となるように援助する。

(守本とも子・坂東春美)

参考文献
(1) Hanson, LC, Henderson, M, & Menon, M. (2002). As individual as death itself:

a focus group study of terminal care in nursing homes. Journal of Palliative Medicine 5(1): pp369-77.
(2) Karlawish JHT et al. (1999). A Consensus-Based Approach to Providing Palliative Care to Patients Who Lack Decision-Making Capacity. Annals of Internal Medicine, v. 130 (10): pp835-840.
(3) Lee, MA, Brummel-Smith, K, Meyer, J, Drew, N, London, MR. (2000). Physician orders for life-sustaining treatment (POLST): outcomes in a PACE program. Program of All-Inclusive Care for the Elderly. Journal of the American Geriatrics Society 48, pp1219-1225.
(4) Mitchell, SL, Berkowitz, RE, Lawson, FM, & Lipsitz, LA. (2000). A cross-national survey of tube-feeding decisions in cognitively impaired older persons. J Am Geriatr Soc 48(4): pp391-7.
(5) Stewart et al. (1999). The concept of quality of life of dying persons in the context of health care. Journal of Pain and Symptom Management 17 (2): pp93-108.
(6) Tilden, V. & Tolle, S. (2001). Center for Ethics in Health Care, Oregon Health Sciences University. The Role of Advanced Directives in Relieving Family Stress at the end-of-life. http://www.ohsu.edu/news/031301tolle.html
(7) 「国際生活機能分類―国際障害分類改訂版―」(日本語版) http://www.mhlw.go.jp/houdou/2002/08/h0805-1.html
(8) 上田敏『ICF(国際生活機能分類)の理解と活用―人が「生きること」「生きることの困難(障害)」をどうとらえるか』きょうされん,2005年.
(9) 天津栄子編『認知症ケア・ターミナルケア』中央法規出版,2005年.
(10) アルフォンス・デーケン編著　メヂカルフレンド社編集部編『死への準備教育　死を看取る』メヂカルフレンド社,1986年.

第2部
介護過程

第11章●介護過程の意義
第12章●介護過程の展開
第13章●介護過程の実践的展開
第14章●介護過程とチームアプローチ

第 11 章

介護過程の意義

介護の目的は対象者の QOL の向上を基本概念として行われる「その人らしさ」を失わない生活への支援である。このような介護を展開するために「情報収集」「アセスメント」「計画立案」「実施」「評価」といった一連の介護過程を理解することは必須である。介護過程とは端的に表現すると対象者の生活問題の解決を図る過程であると言える。本章では介護過程の目的及び目標を理解し，対象者から信頼される専門的な介護を展開するための方法としての介護過程の意義について学ぶ。

1　介護とは

　大辞泉によると「介護とは，病人等の介抱をし看護すること」と明記されている。また，明鏡国語辞典によると，「介」とは「間に入る。仲立ち。助ける。気にかける。身を守る。よろい」などとされ，「護」とは，「かばう。まもる。まもり」の意味が明記されている。

　つまり，この2つの言葉から「介護」の意味について考えると，自立している存在である人間が，自立した生活が送れない人間に対して，自立できるように，その人の間に入り，助け，守ることと考えることができる。

　自立については成文化されていないが，介の文字を見ても，人間に対する助けであることは明らかであり，もともと人間を自立した存在と捉えていると考えられる。

　介護について日本社会福祉協議会では，「老齢や心身の障害による日常生活を営む上で困難な状況にある個人を対象とし，専門的な対人援助を基盤に，身体的，精神的，社会的に健康な生活の確保と成長，発達を目指し，利用者

が満足できる生活の自立を図ることを目的としている」と定義している。

2　介護過程とは

　介護過程とは，介護の専門職として対象者の情報を捉え，その人らしい自立した生活を目指して，対象者に対する介助の必要性の有無や程度などを分析し判断することから始まる。
　対象者の生活上の問題やその家族が抱える問題を介護の視点から捉え，問題解決に向けて計画を立て，実施し，その人らしい自立した生活に照らして評価する。対象者の生活に視点を当て，問題解決を図る過程である。

3　介護過程の目的・目標

(1)　介護過程の目的

　介護サービスを受ける対象者は，集団での入所により，サービスを受ける場合もあれば，自宅に居住し個人でサービスを受ける場合もある。
　いずれにしても，サービスを受ける個々人により，抱える生活上の問題は異なるため，介護過程を活用することによって，対象者個々の情報を把握し，個々に合った介護を提供することを目的とする。

(2)　介護過程の目標

①　対象者を中心とした個別的な介護サービスを提供する

　介護過程のプロセスを踏むことによって，対象者個人の生活上の問題が明確になるため，それらに関する援助について個別的に検討した介助の実施が可能となる。

②　対象者に対するサービスの質の向上を目指す

　対象者個々の生活上の問題を明確にし，それぞれに合った計画を立案し，実施・評価する過程を踏むことで，介護サービスの質の向上を目指す。

③　自立した生活を目指して対象者及び家族の積極的な参加を促進する

　対象者の自立した生活を目指すためには，介護職のみならず家族の積極的な協力が欠かせない。

　介護過程を用いることで，家族がいつどのようにかかわるかを明確にすることができ，積極的な参加を促す(うなが)ための羅針盤にもなり得る。

④　介護チーム間のサービスの一貫性と他職種との連携を行う

　介護専門職以外に社会福祉士，看護師，医師などの他の専門職が連携して対象者の生活の支援を行っており，介護過程を用いてサービスを提供することで他職種に対して介護職独自の役割を明示することにもなる。

　また，介護は24時間を通して行われるため，従事者間や他職種との連携が必要であり，介護過程を用いることで対象者の状況が把握しやすく，引き継ぎなどの活用と一貫したサービスの提供を可能にすることができる。

⑤　専門職としての介護の質の向上を目指す

　問題解決過程は，論理的で科学的な思考のプロセスであり，介護サービスを実践するうえで根底をなす。科学的思考を踏み，介護サービスを重ねることによって，より良い介護へと発展する。

(3) 対象者から信頼される介護

　介護は，高齢者や障害を有することから自立して生活を送ることができない人を対象とする。利用する個人には，長年生きてきたその人の人生と人格が共存している。

　介護に当たる専門職として，人間の特性をしっかり理解し，人間として敬(うやま)うこと，生活する人間を念頭に介護に当たることを重視しなければならない。

　介護を受ける人は，他者の介護を受けなければ生活できないことに対する劣等感や自責の念を抱(いだ)いている人も少なくない。他者の介護を受けなければならないことは，経験しなければ理解できない辛さがあることを決して忘れてはならない。

　介護する立場としては，介護が受けられる幸せを口にしてしまうが，介護を受ける人にとっては，排泄(はいせつ)の世話や食事の世話など本来なら自分でできる

ことを他者から受けることの辛さは計り知れない。

介護過程は,対象者の生活史などプライバシーに関する情報を集めて生活上の問題を明確にし,対象者の生活に合った介護プランを立案する。そこで,対象者の心理を十分理解したうえで,情報を収集するコミュニケーション技術を身につける必要がある。

介護者は対象者の生活支援を第一義とする。ややもすると,正しい方法,より適切な支援などと思い込み,個人の生き方や考え方を否定してしまう指導の姿勢をとりかねない。

介護プランの作成や実施にあたっては,対象者個人を尊重した姿勢を最優先し,相手を思いやる心を常に持ち,対象者の望みや考えをともに話し合いながら実施する,相互作用を基本とした支援であることを忘れてはならない。

(4) 専門的な介護の提供のために

人間の生活は生きていくために複雑なプロセスをとって行動している。加齢や何らかの障害によって生活行動に支障が生じると,他の行動にも影響が及ぶことがある。

したがって,その生活行動の一つひとつを理解し,支援していくことが大切である。そこで,介護職が専門的に対象者にかかわっていくためには,以下を身につける必要がある。

① 専門的な知識

介護は,身の回りの生活動作の世話,買い物・洗濯・掃除など生活全般の世話,公共料金の支払いなど社会のシステムに関連する世話,家族や近隣などとの関係に関する悩みなど精神・心理面の相談も含まれる。

したがって,人間の生活動作を支える人間の形態・機能の知識はもとより,衛生的に効率よく生活するための生活科学の知識,生活を営むうえで必要な各種社会システムに関する知識も必要である。

社会システムは,法律や制度の改正に伴い変化するため,最新の知識が得られるように,常に社会の情報をキャッチする必要がある。

② 専門的な技術

介護の対象者は人間であり，専門職として，国家資格を持って人間に対するサービスを提供する。言うまでもないが，介護者の一方的な解釈にならないように，対象者の発信している訴えをよく聞き，真剣に対応するなど，人権を尊重した，人間愛に満ちた介護が基本である。

　人間は一人ひとり異なった存在で，品物のように見よう見まねや回数を重ねるだけでは技術は身につかない。そこに知識と科学的な根拠，人間を思う心を持ってスキルを磨いていかなければ対象者に満足してもらえる技術は提供できない。

　科学的な思考過程を踏み，技を磨いていくことで介護職が専門職として社会に貢献できるといえよう。
　　　　　　　　　　　　　　　　　　　　　　　　　　　　（三毛美恵子）

第12章

介護過程の展開

　第11章では介護過程の意義を学んだ。本章では介護過程の意義を理解したうえで，具体的な介護過程の展開について学ぶ。介護過程を理解するには，まず，介護過程に使われるキーワードとしての「情報収集」「アセスメント」「計画立案」「実施」「評価」についての十分な理解が必要である。例えば，「情報収集」がなぜ必要か，どのようなことを情報として得る必要があるのか，どこから，あるいは誰から情報を得るのかといったことである。介護実践の基本となるこれらの過程について，本章でしっかりと学んでもらいたい。

1　介護過程の流れ

　介護過程は「情報収集」「アセスメント（ニーズの把握・課題の明確化）」「計画立案」「実施」「評価」という一連のプロセスの流れの中で展開される。

図12-1　介護過程の流れ

　介護過程の流れは「問題解決の過程」と同じである。このように言うと難しいと感じるかもしれないが，実は私たちは普段の生活を送る中で，自然にこの問題解決の過程を用いている。
　ここでいう「問題」とは，トラブルに見舞われたとか，困ったことが起きたといったネガティブなものには限らない。あんなことをしたいとか，こんなものがほしいといったいわゆる「欲求」も含めて考えると良い。
　例えば，次のような事例である。
　年に１度のパーティがあり，そこにはスーツで出席するのが礼儀とされて

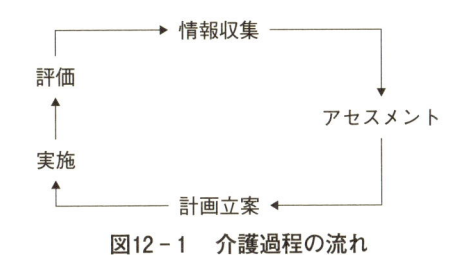

いるため，スーツが必要になった（**問題発生**）。そこで，どうすればスーツを入手できるか，安い店の情報を聞いたり，貸衣装屋の資料を取り寄せたりして調べた（**情報収集**）。自分の立場や経済力を勘案しながら得られた情報を分析し，安売りで有名な量販店であれば購入できそうだと考えた（**アセスメント**）。パーティの日程と現在の経済状況から，2ヵ月間外食回数を半減させて資金を貯めることとした（**計画立案**）。計画通りに購入することができ，新調したスーツでパーティに出席した（**実施**）。出席者のネクタイを見ると，自分のネクタイが明らかに見劣りしていると感じた（**評価**）。そこで，来年はネクタイだけはブランド物を買うと決意した（**新たな問題の発生**）。

以下に，それぞれのプロセスについて説明する。

2　情報収集

(1) 観察の視点

情報を収集するためには「観察」が必要である。介護過程の出発点として「観察」が重要なことは言うまでもないが，観察とは単に自分の視点で「見たり聞いたりしたこと」ではない。

ミルトン・メイヤロフは『ケアの本質』の中で，「他者をケアする中で，あるがままの相手をみつめなければならないのであって，私がそうあって欲しいとか，そうあらねばならないと感じる気持ちで相手をみつめることではないのである……もし，自分が見たいと思うものしか見ることができないならば，私は本当の相手の姿をみつめることはできないであろう」〈文献(1)〉と述べている。

介護における観察とは，まずはあるがままの相手をみつめることから始まり，そしてその人が持っている性質や特性をみつめ理解すること，これらが介護の目的意識に裏づけられ，行われるものでなければならない。また，観察や情報収集には，人間そのものをみつめる深さや拡がりが必要であるため，介護福祉士自身の精神的・社会的な成長の研鑽(けんさん)が不可欠である。

(2) 情報の種類

　情報には主観的な情報（便宜的に情報という言葉を使っているが，一般に情報はデータに意味づけを加えたものであり，以下主観的データ〈Subjective data〉）と客観的な情報（以下客観的データ〈Objective data〉）がある。

主観的データ	対象者の訴え，家族の訴え（介護に対する考えや思い）。介護福祉士が対象者との面接を通じて直接得ることができるデータ。
客観的データ	身体状況・表情・行動・生活上の障害の程度。家族や他の専門職から得た情報・過去の記録などから知り得た情報。対象者について他者が観察できるすべてのデータ。

　このようにデータを主観的データと客観的データの両方から収集し，対象者の理解へとつなぐ。

(3) データ収集の方法

　主観的データの収集は，対象者との面接を通して行われるが，対象者には高齢者が多いことも考慮して，わかりやすい言葉を使い，聞き取りやすい声の大きさで話をする配慮が必要である。

　また，面接時には，静かで落ち着いた環境の場所を選び，介護福祉士が相手を受容する気持ちを持ち，話しやすい雰囲気をつくること，また，普段から対象者が気がかりに感じていることや，苦痛に感じていることから話を進め，対象者の悩みや希望，考えを把握することが重要である。対象者との接し方に関する基本的な心構えは，後述する「バイスティックの7原則」を参考にしてほしい。

　客観的データの収集は，体重計や血圧計などの計測機器を用いて対象者のデータを集める方法，本人が記録した血圧などの経時的変化データ，本人の写真や録画・録音，また，他職種が記載した対象者の記録（介護記録，看護記録，リハビリテーション計画書，主治医意見書，栄養処方箋など）がある。ここで注意すべきことは，客観的な情報の提供者が対象者本人とどのような関係にあるか，本人との信頼関係はどの程度なのかによって，その情報の信

頼性が決まることである。

　最終的にデータが得られたら，そのデータは正確なものであるか，先入観を持って見ていないか，対象者の主観的データの意味を自分勝手な解釈で理解していないか，対象者の生活上の課題を明確にするに十分なデータであったかなど，情報の検討を行うことが必要である。

(4)　バイスティックの7原則〈文献(2)〉

　データ収集の場面に限定されることではないが，対人援助技術の基礎となる「バイスティックの7原則」を紹介する。対象者やその家族と接する際に留意すべき基本的な事項として，覚えておくと良いだろう。

①　個別化の原則

　介護福祉士は多くの対象者を相手にするが，対象者一人ひとりは，それぞれ個別の背景と歴史を持った「ただ一人の」個人である。ともすれば「多数の中の一人」という扱いをしてしまうことがあるが，対象者は私たちと接する時に「自分を支援してくれる代表者」として見ていることを忘れずに向き合わなければ，信頼関係は構築できない。

②　自己決定の原則

　対象者の心の奥深くにあるニーズは，数度の面談で引き出せるとは限らない。また，対象者にとっての満足感は，本人が納得するからこそ得られるものである。サービスの提供においても，「こうあるべき」という思いで一方的に押しつけるのではなく，対象者が自分自身で決定することが重要である。

　そのためには，自己決定を間違いなく行えるような情報提供や説明の責任が発生する。また，相手によって自己決定が難しいようなケースでは，決して放置するのではなく，必要なサポートを行うのは言うまでもない。

③　受容の原則

　前述のメイヤロフの言葉にもあるように，「あるがままの相手をみつめることから始まり，そしてその人が持っている性質や特性をみつめ理解すること」が基本である。その考え方や行動が介護者から見て「困った」ものであったとしても，まずはそれを素直に受け止めることが必要である。

ただ昨今では,「モンスタークレイマー(理不尽なクレームをつける人)」などという言葉があるように,無理難題をぶつけられるケースもあるので,これにはルールや社会常識に照らして対応する必要がある。

④ 非審判的態度(ひしんぱんてきたいど)の原則

介護福祉士は,対象者を裁(さば)いたり断じたりすることなく,対象者の理解者でなければならないという原則である。

対象者が行う行為について,客観的に判定する必要があるとしても,対象者個人について裁くことをせず,受け入れ,理解する必要がある。

⑤ 秘密保持の原則

介護福祉士は,対象者のプライバシーにかかわる情報を扱うことになるが,これは支援に必要な範囲のみで共有する以外,漏(も)らしてはならない。

⑥ 統制された情緒関与の原則

対象者が表出した感情に対し,介護福祉士はそれをきちんと理解したうえで,情緒的な感情を言葉と態度で示さなければならないという原則である。介護福祉士が情緒的な感情を示すことは,対象者に対して何らかの影響力を行使することになる。それを認識し心の込もった対応をしなければならない。

⑦ 意図的な感情表現の原則

対象者が自由に感情を表現できるよう,介護福祉士の側が意図的に感情を表現するという原則である。さまざまな背景や性格を持った対象者がおり,一律に対応することはできないが,基本は安心感を与えること,信頼関係を築くことが重要である。

また一歩踏み込んで,言葉で表現できていない感情を読み取る技術も望まれる。

3　アセスメント

アセスメントとは,評価・判断・査定を意味する。介護過程においては,収集した情報をもとに「ニーズを把握し,課題を明確化するプロセス」を指して用いられる。

(1) ニーズの把握

ニーズとは対象者が必要とする要求，欲求のことである。しかし介護過程においては，介護で実施すべき対象となるニーズを適切に選択したうえで，さらに予算的，時間的な制約などから，優先順位をつける必要がある。ニーズの把握に必要な3つの視点を以下に紹介する。

① ブラッドショーのソーシャルニーズ分類法〈文献(3)〉

ジョナサン・ブラッドショーは，社会的なニーズをノーマティブニーズ，フェルトニーズ，表明されたニーズ，比較ニーズの4種類に分類している。

1) ノーマティブニーズ（規範的ニーズ）

専門家によって規定された望ましい状態に対して，不足しているものをニーズとしているが，「望ましい状態」に関するコンセンサスが得られていないという問題がある。

2) フェルトニーズ（主観的ニーズ）

個人の欲求であり，対象者本人が感じていること，知っていることに限定されるという問題点がある。

3) 表明されたニーズ

フェルトニーズが行動として表れたものである。

4) 比較ニーズ

ある集団と他の集団に対するサービスの違いから生じるニーズ。集団によって異なる特性がある場合（例えば，地域により特定の感染症が発生しやすいなど）はサービスが異なることが当然であるが，そのような「特性の違い」に着目してニーズを抽出する方法もある。

介護過程においては，本人の要求（フェルトニーズ）だけで判断せず，何らかの基準を持って判断した結果（ノーマティブニーズ）を選択する必要がある。

② マズローの欲求段階論

優先順位の決定は，対象者にとっての重要性と緊急性によって判断される。生活上の問題間の関連や専門知識だけでなく，対象者の信念や価値観なども

第12章　介護過程の展開

見極めたうえで，介護の目的意識に基づき決定されるものである。

優先の選択には「マズローの欲求段階論」〈文献(4)〉が参考になることが多い。これは人間の欲求の段階を示したものであるが，下位の欲求から順に，「生理的欲求」「安全の欲求」「承認と帰属の欲求」「自尊・支配の欲求」「自己実現の欲求」と段階的に分けられている。

このように人間の欲求は5段階のピラミッドのようになっており，最低位から始まり，1段階目の欲求が満たされると，1段階上の欲求を志すと考えられている。

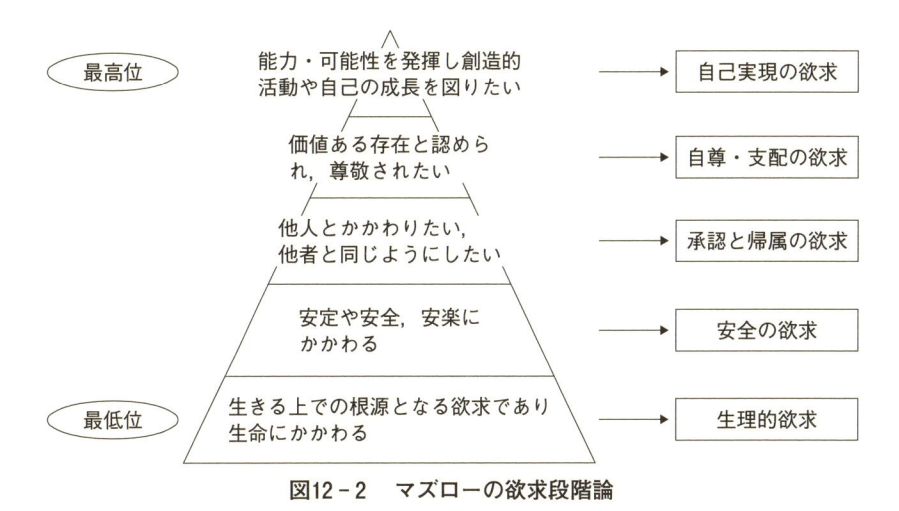

最高位	能力・可能性を発揮し創造的活動や自己の成長を図りたい	→ 自己実現の欲求
	価値ある存在と認められ，尊敬されたい	→ 自尊・支配の欲求
	他人とかかわりたい，他者と同じようにしたい	→ 承認と帰属の欲求
	安定や安全，安楽にかかわる	→ 安全の欲求
最低位	生きる上での根源となる欲求であり生命にかかわる	→ 生理的欲求

図12-2　マズローの欲求段階論

③ フランクルの自己実現の考え方

フランクルは「自己実現」は健康な人にのみ可能となるものではなく，仮に自身が寝たきりであったとしても，実現可能であると考えた。例えば，身近な人を「思いやる」といったことなどは，その人にとっての自己実現であるとした。介護を必要とする人を対象とする私たちには重要な視点である。

(2) 課題の明確化

アセスメントの中で，対象者にとってのニーズを引き出し「何を焦点として介護を展開したら良いのかを絞ること」を「課題の明確化」という。

ここでの課題とは「利用者の生活上の問題を解決，あるいは改善すると考えられる，介護活動の対象」をいう。すなわち課題は，介護者の扱い得る範囲でなければならず，その課題を解決することで，対象者の生活上の問題が解決，あるいは改善されるものである。引き出された課題にも優先順位があるので，前述した「マズローの欲求段階論」や「フランクルの自己実現の考え方」などを参考にしながら優先順位を決め，計画立案につないでいく。

(3) アセスメントに求められる考え方

　介護過程で扱うニーズは，対象者の生活上のニーズであり，ADLが自立していれば一人で満たせるニーズである。しかし何らかの障害により，一人では満たすことはできないが，それが社会生活を営むうえで欠くことができない基本的なニーズであったりする。

　情報収集で得られたデータの検討を重ね，解釈，意味づけを行い，情報として分類し，「なぜ，いまの状態があるのか」「介護福祉士として何をなすべきかを明確にする」のがアセスメントである。

　介護の視点をもとに専門的知識や経験，技術を駆使し，アセスメントを行い，そこから課題を引き出すが，対象者や家族を正しくアセスメントするのは容易なことではない。

　アセスメントについて竹内（2005年）〈文献(5)〉は，アセスメントの本質を「基礎知識（専門知識）をもって対応すれば，その人がどう変わるかを知ること」であり，基本となるのは基礎知識であるとしている。

　例えば，拘縮のある対象者の介護をアセスメントする場合，この拘縮をどうすれば進行させないか，改善に導けるかということを念頭に置いて観察をしていくのがアセスメントである。この場合，拘縮を進行させないようにしなければならないと考えれば，拘縮についての専門的な知識が必要となる。

　具体的には，現在どのようなことが原因となり，拘縮が起こっているのか，進行させない，または改善のためにはどのようなことが必要なのか，これらのことが理解できていれば，拘縮が改善できなかったとしても進行させない，または悪化させない介護が展開できるはずである。

これには専門知識が不可欠である。また，アセスメントには，介護福祉士の経験で学び，会得してきたこと，五感で感じる「あれ？」とか「おや？」という気づきも大切である。

このように，アセスメントには，知識に加え，観察力，判断力，洞察力，想像力といった介護福祉士の能力が大きく問われるのである。

また，アセスメントには現時点の状況だけでなく，この状況が続けばこういった二次的なことが起こるに違いない，という視点や，あるいは可能性は低いがこういった状況が起こるかもしれない，といった視点も加味することが必要である。

そうすることによって，二次的な障害や，可能性は低いが起こりうるかもしれない障害に対し，これを回避するための予防的対策を計画の中に入れることができる。

4　計画立案

取り組むべき課題を明確化した後，それを解決した姿としての「目標」を設定し，その目標を達成するための実施計画を立案する。

目標は問題の改善，向上，修正，予防，補強を目指すものである。目標の捉え方は「対象者の生活上の問題がどのように改善し，その結果利用者が，どのような反応を示し，どのような状態になるか」という目指すべき姿を具体的に示すことである。

また，目標は誰もが「その目標を達成できたかどうか」の判断がつきやすい測定可能な記載の仕方でなければならない。

例えば，目標に「対象者のQOLが向上する」と記載すると，対象者のQOL向上が達成できたかどうかを，どのようなことで判断してよいのかわからない。

しかし「QOLが向上したことで，対象者の外出回数が週1回より増える」とか，「週に1度以上の近隣友人の訪問がある」といった，具体的な行動で目標設定すると，評価の際にも判断がつきやすい。

さらに，この目標がいつ頃達成できる見込みなのかといった期間の設定も必要である。計画には長期目標と短期目標があり，それぞれに期間を設定するが，個々の短期目標は，長期目標を実現するためのステップとして成り立つように考える。
　計画立案とは，目標達成のための行動計画を具体的に示すことである。対象者に生活上の問題を与えているものは何であるか，どのような要因によって起こっているのか，何を解決すればいいのか，すなわち「課題の明確化」ができていれば，それを改善，向上，修正，補強することによって目標に達することができる。
　また，計画立案をする場合の留意点として，5W1Hを考えると良い。5Wとは，誰が（Who），いつ（When），どこで（Where），なぜ（Why），何を（What），1Hは，どのように（How）であるが，これらをふまえて計画立案を行うと具体的であり，かかわるメンバーの誰が見てもわかりやすい計画が立案できる。

5　実施

　立案した計画であるが，実際に対象者に対しケアを行う際には，その計画を実際に行って良いかどうかを判断することが必要である。
　なぜなら対象者は人間であり，状況は絶えず変化しているからである。実施しても良いか，実施するための手順や方法はこれで良いか，それはいまの対象者の状況に適しているか，立ち止まって対象者の安全，安楽を科学的な視点から考え，実施する習慣が大切である。

6　評価

　評価の際には，計画立案で設定した「目標」が達成できているかどうかを確認する。
　この時，目標には，対象者が「どのような反応を示し，どのような状態になるか」といった姿が前述したように「判断がつきやすい測定可能な形」で

第12章 介護過程の展開

具体的に表現されていると評価しやすい。

　また，評価の時期は，目標を設定した際に決めた時期が目安となる。こうして問題が解決，改善され，目標が達成したと判断されると，その課題は外されるが，解決していないと判断される場合は，ケアに対する対象者の反応を重視しながらフィードバックすることになる。

　その際は，対象者の現在の状態や生活上の問題，計画のもとに実施された介護の質や量について再びアセスメントし，新たに計画を立て直したり，今までの計画を一部修正したりしながらその課題を見直し，問題解決までこれが繰り返される。

（新谷奈苗）

参考・引用文献

(1) ミルトン・メイヤロフ『ケアの本質』ゆみる出版，1997年。
(2) F. P. バイステック著，尾崎新他訳『ケースワークの原則―援助関係を形成する技法』誠信書房，1996年。
(3) Bradshaw, J. "A taxonomy of social need. in McLachlan, G. (ed.), Problems and progress in medical care" 'essays on current research, 7th series. London : Oxford University Press', 1972, pp70-82.
(4) 守本とも子，星野政明編著『介護概論』黎明書房，2006年。
(5) 竹内孝仁『介護基礎学』医歯薬出版，2005年。
(6) 中山幸代『新版・社会福祉学習双書2006 第13巻 介護概論』全国社会福祉協議会出版部，2006年。
(7) 松木光子『ケーススタディ 看護過程―看護診断から評価まで』(JJNブックス) 医学書院，1998年。
(8) 石野育子編著『最新介護福祉全書7　介護過程―介護』メヂカルフレンド社，2008年。

第13章

介護過程の実践的展開

第11・12章で介護過程の意義と展開について学んだ。本章では，先に学んだ基本的知識をもとに，介護の実践的展開について学ぶ。事例を用いての介護過程の展開である。本章では2事例を紹介し，ICFの視点から全体像を把握する方法が詳しく述べられている。また，アセスメントとしての分析にあたり，介護実践者の思考過程が記載されている。読者は，計画がこれらの分析結果に基づいて立案されていることが理解できるだろう。本章を熟読し，介護過程が一連の流れであるということを理解することが本章の目的である。

1　事例演習Ⅰ

(1)　事例の概要Ⅰ

①　基本情報

氏名：Yさん　　　　　　生年月日：昭和8年5月12日（75歳）
性別：女性　　　　　　　要介護度：2

②　経過

1年前心房細動発作で入院し，1ヵ月後には症状が安定したため，リハビリテーションを目的として近くの医院に転院した。7ヵ月後に退院し，いまでは薬も服用していないが，病院には週1回タクシーで通院している。現在「要介護2」で「週2回デイサービス」に通い，「週3回訪問介護サービス」を受け生活している。

(2)　ICF（国際生活機能分類）モデルによる事例の全体像

第13章　介護過程の実践的展開

① 客観的データと主観的データ

	健康状態	健康状態	高齢である。廃用症候群。心房細動がある
客観的データ		心身機能・身体構造	①8年前両眼の白内障手術を施行し現在視力障害はない ②3年前庭先で転倒し肋骨骨折と腰椎骨折で入院した ③1年前に心房細動発作で入院した。退院後も週1回通院している ④運動機能障害や中枢神経麻痺はない 機能・構造障害 ・以前から難聴気味であったが，最近玄関のベルに対応がないことが多くなり，会話の内容も伝わりにくくなってきた
	生活機能	日常生活動作	①移乗・移動 ・自宅では，立位時つかまり立ちでYさんなりの手順で伝い歩きをしている ・自宅外では全介助で車椅子を使用している ②食事 ・義歯を紛失したため，柔らかいものや刻み食を食べているが，歯科受診はしたくないという ③排泄 ・自立できているが，最近は伝い歩きに時間がかかり，トイレが間に合わないことがあるため，紙おむつを着用している ④清潔・整容 ・入浴は一部介助が必要である　　　・身だしなみは自立している ・洗濯は片づけや収納を手伝っている ⑤更衣は自立している ⑥コミュニケーションはとれている ⑦家事は介助が必要であるが，料理の手伝いや電子レンジの使用，食後は食器の片づけを手伝っている 活動制限 ・借家なので手すりはつけたくないと言っている
		参加・活動	①余暇活動 ・時にはタクシーを利用して外出や食事に出かけている ②社会参加 ・週2回デイサービスに参加している ・週1回病院に通院している 参加制約 ・75歳で一人暮らしである
	背景因子	環境因子 (促進因子)	①人的環境 ・10年前に夫が他界し一人で生活している ・子供は長男（54歳），長女（53歳），次女（50歳）の3人でそれぞれ家庭を持ち独立しているが，Yさんの生活に不安を持ちながら見守っている。次女夫婦は約14キロ離れたところに2人の孫（長男28歳，長女25歳）と住んでおり，毎日誰かが訪れている ②物的環境 ・経済的に不自由はない ・自宅は平屋一棟建ての借家である ・長男はYさんと同居するために自宅を新築したが，Yさんは同居を望んでいない ③社会的・制度的環境 ・要介護度2で，週2回デイサービスに通い，週3回訪問介護サービスを受けている 阻害因子 ・次女は最近腰の状態が悪く，バスを乗り継いで訪れているため，Y

187

		さんを訪れることを負担に思っている
	個人因子 (肯定的因子)	①個人基本情報(性,年齢,生活歴,ライフスタイル) ・昭和8年5月12日生まれ 75歳 女性 ②価値観 ・自宅で暮らしたい ・いまの楽しみは自分の生まれ育った地元にあるデイサービスに通い,多くの知り合いと昔話をしてコミュニケーションをとること,毎日洋服ダンスから好みの洋服を選び,若い頃から好きなおしゃれをすること,時々外出や食事に出かけることである ・子供たちはYさんが転倒や心臓発作を起こすのではないか,家事は大丈夫なのかと不安を抱きながら見守っている 否定的因子 ・3年前に庭先で転倒し,肋骨骨折と腰椎骨折で入院した
主観的データ	主観的体験(本人がどう思っているか)	①人生観:自宅で暮らしたい ②価値観 　1) 週2回のデイサービスに通い多くの人と交流したい 　2) タクシーを利用して,時には外出や食事に出かけたい 　3) 毎日洋服を着替え,若い頃から好きなおしゃれを続けたい ③現在の心理状態 　1) 義歯を紛失したが歯科受診はしたくない 　2) 借家なので手すりはつけたくない

② **主目標:「参加のレベルの目標」**

1) 週2回デイサービスに通うことができる。
2) タクシー(車)を利用し,外出の機会を持つことができる。

③ **活動レベルの目標:「～する活動」―将来している活動―**

1) Yさんらしく住み慣れた自宅で生活している。
2) 手すりを持ってトイレに行っている。
3) 紙おむつを外して生活の質を向上させている。
4) 安全な場所では自力で車椅子を操作している。

④ **チーム全体としての方針**

　Yさんの意思を尊重し,自宅で生活できる環境を整えるために,Yさん,家族,チーム全体で話し合い,協力・連携していく。

(3) **事例の実践的介護展開**

① アセスメント

1) 情報収集と情報分析

情報収集	情報分析
健康状態 ・高齢である	・加齢に伴い,記憶力・記銘力・視力・聴力などの生理機能と足・腰の身体機能の低下,回

- 1年前に心房細動発作で入院し週1回通院している

心身機能・身体構造
- 8年前に両眼の白内障手術をした
- 3年前に庭先で転倒し，肋骨骨折と腰椎骨折で入院した

機能・構造障害
- 以前から難聴気味であった
- 訪問時玄関のベルに対応がないことが多くなってきた
- 話の内容が伝わりにくいことが多くなってきた
- 義歯を紛失している

日常生活活動
- 移乗・移動は立位時につかまり立ちで，室内はYさんなりの手順で伝い歩きをしている
- 排泄は自立できているが，伝い歩きに時間がかかりトイレに間に合わないため，紙おむつを着用している
- 自宅外は車椅子で移動している
- 車椅子への移乗は自力でできている
- 食事は義歯を紛失したために，柔らかいものや刻み食を摂取している
- 電子レンジの使用や食器の片づけは自分でしている
- 洗濯物の片づけや収納はしている
- 清潔・整容：入浴は一部介助が必要である。
- 身だしなみは自立できている
- 更衣は自立できている
- コミュニケーションはとれている
- 家事は介助が必要である

参加
余暇活動：
- タクシーを利用して外出や食事に出かけている

社会参加：
- 週2回デイサービスに参加している。自分の生まれ育った地元なので知り合いが多く，昔話ができるため人との交流の場になっている

背景因子
①環境因子：促進因子
1) 人的環境：

- 復力や抵抗力が減退し骨折しやすい
- 75歳の人生で得た貴重な経験や知識，自立した精神力があると考えられる
- 不整脈や心房細動再発作及び脳梗塞の危険性が持続している。脳梗塞の要因の3分の1が心房細動といわれる

- 生理機能や身体機能の衰退が進行しているため，骨粗鬆症や新たな骨折の危険が予測される
- 難聴は悪化傾向で周囲に対する認識や注意力の減退が考えられ，認知症初期症状も推測される
- 歯牙欠損状態で低栄養，口腔内の汚染，お餅などによる窒息，誤嚥，唾液の分泌減少が予測される

- 移動は日常生活の基本であり，加齢と骨折の後遺症でバランス機能の低下を来たし，身体を支えにくいと考えられる。そのためトイレに間に合わないことが予測される
- 過剰なストレスや運動負荷は心房細動を悪化させることが予測される
- 食事摂取量が減少し低栄養状態になると，風邪やけがなど重症化しやすく寝たきりになりやすいと考えられる
- Yさんらしく楽しみや充実感を持って生きるために日常生活でできることは継続する
- 入浴時には心臓発作，熱傷，転倒事故などの危険性がある

- 家事は訪問介護サービスを受け入れている

- 外出は人として社会的関係を維持することであり，可能な限り継続する
- デイサービスへの参加は生きがいとなっている。適度な運動とコミュニケーション能力を発揮できる場への参加であり，YさんがYさんらしい人生を送るために継続する

・10年前に夫が他界しその後一人で生活している	・Yさんは家族にとって大切な人である
・長男（54歳）・長女（53歳）・次女（50歳）3人はそれぞれ独立している	・子供たちはそれぞれ独立しているため，Yさんは心配していないが，子供たちはYさんの希望や考えを受け止めている
・子供たちはYさんの転倒や夜間緊急事態が生じるのではないか，家事全般はできるのか不安に思いながら，Yさんの生活を見守っている	
・次女夫婦が約14キロ離れた所に2人の孫（長男28歳，長女25歳）と住んでおり，毎日誰かが訪れている	
2） 物的環境：	
・経済的に不自由はない	・経済的に不安はなく，自宅には夫と築いた人生の歴史が詰まっていると考えられるが，長男はYさんの老いを受け止めたうえで同居準備をしている
・住み慣れた自宅は借家である	
・長男はYさんと同居するために自宅を新築した	
3） 社会的・制度的環境：	・Yさんが人間として生きる喜びを感じて日常生活を送るためにはYさんの生活に合った居宅サービスを継続する必要がある
・要介護度2	
・週3回訪問介護サービスを受けている	
阻害因子	
・次女はバスを乗り換え訪れているが，最近腰の状態が悪く母の世話が負担になっている	・次女の気持ちを受け止め，Yさんの生き方を理解し支援するため，子どもたちと他職種チームとの協力・連携が必要である
②個人因子：肯定的因子	
1） 個人基本情報（性，年齢，生活歴，ライフスタイル）：	・人間としての経験，知識，知恵，精神的自立があると考えられる
・昭和8年5月12日生まれ　75歳　女性	・子供たちに迷惑をかけず，住み慣れた自宅で自分らしく生活することを望んでいると考えられる
2） 価値観：	
・自宅での生活を希望している	
【主観的データ　主観的体験】	・Yさんが自宅で主体的な生活ができ，より良い人生を送るためには社会制度的支援が必要である
1） 人生観：	
・生まれ育った地元で暮らしたい	
2） 価値観：	
・週2回のデイサービスに通い，多くの人と出会って交流したい	・デイサービス，外出，おしゃれを通し気分転換や生きている喜びを実感していると考えられる
・タクシーを利用して外出や食事に出かけたい。毎日洋服を着替え，若い頃から好きなおしゃれをしたい	
3） 現在の心理状態：	・家族とチーム全体でYさんの気持ちを受け止め，YさんのQOLを高め，楽しく生きられるための適切な対応が必要である
・義歯を紛失したが歯科受診はしたくない	
・借家なので手すりはつけたくない	

② 介護計画

1） 目標－主目標（参加レベル）と活動レベルの目標－と介護の課題

主目標：参加レベル	活動レベルの目標	介護の課題
・週2回デイサービスに参加する	・自宅で暮らすために残存能力を維持し自分で	・心房細動再発作は生命に危険を及ぼす恐れがあるため週1回通院する（必要がある）

第 13 章　介護過程の実践的展開

		できることは継続して行う	・現在の日常生活動作を確保し，向上させるため週3回訪問介護サービスを受ける（必要がある）
		・伝い歩きに時間がかかりトイレが間に合わないため，リハビリパンツを着用する	・紙おむつからリハビリパンツに替え，生活の質を向上させる（必要がある） ・スムーズな伝い歩きをするため，医療者と相談のうえ，チームで身体機能を向上させる（必要がある） ・社会的制度的支援を活用し，手すりを設置する（必要がある）
・車椅子を利用して外出する		・自立に向け安全な場所では自分で車椅子を操作できる	・自立に向け，安全な車椅子操作ができる ・Yさんのより良い人生を創るためにYさんを中心にしたチームの協力・連携が必要である

2）　介護の目標と具体的介護内容

介護の目標	具体的介護内容
・不整脈や頻脈及び認知症の症状に早く気づいて健康状態の悪化を防ぎ，自宅での生活を継続する	・週1回通院し，心房細動の病状や治療に関する情報をYさん，家族，チームで共有する ・不整脈や頻脈，動悸，むくみ，胸苦しさ，気分不良などの訴えがある時，顔色，表情の様子がいつもと異なると感じた時，物忘れ，興奮，抑うつ，せん妄，睡眠リズムの乱れに気づいた時は直ちに看護師あるいは医師に連絡する
・トイレが間に合わず紙おむつを着用しているのでリハビリパンツに切り替える	排泄 ・自尊心を傷つけない言葉で陰部の痒み，湿潤，痛みを確認し，症状があれば尿路感染防止のため直ちに医療者に報告する ・尿意をなくさないため，紙おむつからリハビリパンツの使用に切り替える ・手すりの取りつけに向けてYさん，家主，家族，チームで検討する
・自立に向け安全な場所では一人で車椅子操作ができる	移乗・移動 ・外出時は安定した移動しやすい履物，持ちやすいバッグ類を選ぶ ・タクシーや子供たちの車を利用し，外出の機会を多く持つ ・車椅子使用時には，介護者はブレーキ，ねじ，タイヤの安全を確認する ・車椅子への移乗時，転倒や事故を防止するため，車椅子のブレーキをしっかりかけ，アームレストを持ち，腰かけてからフットレストに足を乗せる ・Yさんの車椅子操作をいつでも支えられる位置で見守る ・立位時，不安定な移動は転倒の原因となるので，つかまり立ちする際には，つかむ物は安定した安全な家具や物を選ぶ ・膝折れや腰部の痛みに注意し，下肢筋力をつける
・安心して安全にできている ADL は確保し，さらに向上させる	食事 ・食べ物の通りを良くするため，食べ始めは水分や汁物を摂取し咽喉を湿潤させる ・調理は柔らかい物や刻み食で，栄養のバランスとYさんの好みを取り入れる ・適当な水分の補給や食べ物の保管に気をつけ，脱水症や食中毒を防止する ・電子レンジの使用，食器の片づけ，洗濯物の片づけや収納は継続して行う 清潔・整容 ・入浴時プライバシーの配慮に努める ・安全な入浴方法や工夫により心臓発作や熱傷，転倒事故を防ぐ ・一部介助しYさんができることは自分で行う

	身だしなみ，更衣 ・おしゃれはできているので継続する コミュニケーション ・難聴があるため声かけや非言語的コミュニケーションに努め，行おうとする介護についてわかりやすく十分に説明し同意を得る。補聴器の使用を考えてみる ・判断能力を観察し，認知症の初期症状に注意する
・Yさんのより良い人生を創るためにYさん，家族，介護・医療・福祉チームが協力・連携する	家事 ・生活意欲や運動機能を維持するため，Yさんができることは継続して行う。Yさんの状態・状況の変化に応じた介護を行う ・次女や家族の気持ちを受け止める ・Yさんの気持ちを尊重し，より良い人生を支援するため，家族やチーム全体で情報を共有し，協力・連携して心を通い合わせた介護を実践する

3) 介護の実施と評価

具体的な介護内容に沿って毎日介護を実施する。実施後は介護の目標が達成できたかどうかを評価する。　　　　　　　　　　　　　　　（溝上五十鈴）

参考文献

(1) 社団法人日本介護福祉士養成施設協会『介護技術講習テキスト』社団法人日本介護福祉士養成施設協会，2005年，192-197頁，216-219頁。

2　事例演習Ⅱ

(1) 事例の概要Ⅱ

① 基本情報

氏名：Mさん　　　　　　　　生年月日：昭和25年8月22日（58歳）
性別：男性　　　　　　　　　要介護度：3

② 経過

平成20年8月に脳梗塞(のうこうそく)を発症，市内のH病院に緊急搬送された。1ヵ月後，急性期の治療は終了し同病院のリハビリ病棟へ移り，12月12日現在では機能回復訓練を続けている。介護保険申請とともに病院付属の居宅介護支援事業所の介護支援専門員（ケアマネージャー）を選任した。病状は安定し，本人は強く退院を希望しているが，妻の不安が強いためケアマネージャーに

第13章　介護過程の実践的展開

すすめられ，リハビリの継続も兼ねて老人保健施設（老健）の利用申請が行われた。

(2) ICF（国際生活機能分類）モデルによる事例の全体像（ケアマネージャーからの情報提供）

健康状態	健康状態	①58歳 ②脳梗塞後遺症 　主に左片麻痺，構音障害。平成19年にも一過性の脳虚血発作を起こしているが，発見・治療が早く，後遺症は全く残らず退院し，仕事に復帰した ③糖尿病 　平成15年より治療開始，現在は内服で血糖値管理中 ④高血圧 　約10年前より近所のかかりつけ医から処方を受けている
生活機能	心身機能・身体構造	①脳梗塞の後遺症として左麻痺や構音障害がある ②右上肢には機能低下はなく，利き手を使った生活動作には影響がない
	日常生活動作	①移動・移乗 ・移乗時の動作には手助けを求めることが多い ・移動には車椅子を使用している ・理学療法士（PT）は実際にはもっと動作能力があると評価しており，きちんと訓練を受ければ歩行自立も可能になるとの判断をしている ②食事 ・利き手である右手を用いて自力摂取をしている ③排泄 ・日中は移乗動作介助を受けてトイレで排泄し夜間はおむつを使用している ④清潔・整容 ・入浴は浴槽の出入りの動作に介助が必要である ・身だしなみには無頓着である
	参加・活動	生活全体に依存的で，やって欲しいという依頼が多い。妻も来院時はつきっきりで世話を焼いてしまっている。日中は臥床していることが多く，職員や家族とは会話するが，同室者に話しかけることはほとんどない。自宅で妻と3人の子供と同居。現住所に代々住んでおり近所づき合いも多い。町内の祭りの時は采配役として活躍してきた。家族や友人の面会が多い
背景因子	環境因子	①病院の環境下では，入浴・排泄などは一部介助で実施できている ②自宅は和式便器や手すりがないなどの設備的な影響が予測される ③自宅は純和風の日本家屋で，和式の生活様式になじんでいる
	個人因子	①入院前は頑健で大工の棟梁として現場で腕をふるっていた ②3代続いた棟梁の家系の跡継ぎとして家業の工務店を引き継ぎ，一家の大黒柱として生きてきた ③町内の公民館の補修などもボランティアで手がけていた ④仕事が生きがいで土日でも天気の良い日は仕事に精を出していた

(3) 事例の実践的展開演習

演習1
　これから介護過程の展開を考えるうえで，どんな情報に注目するか？

　これまでに得られている情報だけでもかなりの量があり，本人や家族の

ニーズを理解する糸口になりそうなものも含まれている。一つひとつの情報を吟味し，多くの情報の中から何に注目するのか考えてみよう。

演習1記入用シート

注目した情報	その理由

演習2
　追加収集する必要がある情報にはどのようなものがあるか？

　入所申請書などはスペースの関係もあり，援助に必要な情報が網羅されているとは限らない。今後援助を展開するうえで必要な情報は何か考えてみよう。

演習2記入用シート

追加収集したい情報	その理由

① 話し合い，考えを深めてみよう

　どんな情報に注目したか，各自が注目した情報とその理由について話し合ってみよう。宮本さんの全体像を把握するために，どんな情報が不足していると感じたか，その情報を，誰からどうやって得ればよいか，話し合ってみよう。

1）考えるヒント

　対象者と最初に出会う段階では，利用申込書などに記載されている情報を持って向き合うことになる。その手持ちの情報のどこに注目して，何を活用しようとするのか，援助を行ううえで必要な情報は何か，その人を理解するうえで欠けている情報は何かに気がつく必要がある。介護者としての専門的視点から見ていくことになるが，「なぜだろう？」という引っかかりを大事にしていこう。特に主観的体験（本人がどう思っているか）の側面は目標設定を行ううえで非常に重要であり，意識的に焦点化する必要がある。

2)「ひっかかり」の例

本人はなぜ帰りたがっているのか？／妻は何に不安を感じているのか？／同室者と話さないのはなぜか？／年齢も若く，理学療法士(PT)はもっとできると判断しているのに，なぜ車椅子やおむつを利用しているのだろうか？

3)「必要な追加情報とその理由」の例

(ⅰ) これまでの生活歴

病気になるまではどんな人生を送り，何を大事にして生きてきたのかを理解し，生活習慣を把握したい。突然のアクシデントで要介護状態になった場合，本人や家族がその先の展望を描けないことも少なくない。そういった場合，過去の状況から対象者の「今」と「未来」の姿を類推していくことが介護者には求められる。

(ⅱ) 病前の本人の性格や趣味，生きがい，人となりを表すエピソード

本人を立体的に理解し，生きがいやニーズを理解していく手がかりがほしい。本人のやる気がない，などと介護者が感じる場合，本人が大事にしている価値観やこれまでの生き様などを理解しないと，やる気が出ない理由や，リハビリを拒絶する理由が見えてこないことが多い。

(ⅲ) 血糖値の管理状況

健康状態に大きく影響する事柄であり，今後の病状の予測と介護計画に大きく関係する。

(ⅳ) 生活全般に意欲がない，という記述があるが本人はどう思っているのか，また記載した介護者はどういう根拠でそう感じたのか。

本人が今の自分をどう感じているのか，これからどうしたいと思っているのか。介護者の見立てとの間にずれがないかを確認したい。

(ⅴ) 平成19年の脳虚血発作の際の本人や家族の対処方法

過去に生じた危機的状況の際の対処方法や思考方法はその後も同様に発動する場合が多い。今回の脳梗塞発作への本人の反応を理解する手がかりにしたい。

介護職は日常生活援助を通じて対象者やその家族と接し，さまざまな思いや情報に触れることとなる。一方でケアマネージャーや生活相談員は，相談

面接を通じて情報を収集することが多い。それぞれの職種では注目するポイントや情報の収集の仕方が異なる場合がある。これまでに手にしている情報から，対象者やその家族の状況のあらましを読み取り，今後集めなくてはいけない情報の見当をつけていく必要がある。また，介護者として気になる情報や「ひっかかり」は対象者や家族の隠されたニーズにつながっていることが少なくない。介護者の思い込みや独断で援助計画を作成するのではなく，本人や家族の意向を確認し，ニーズを明確化し共有を図る必要がある。一般的なフェイスシートやアセスメントシートではとりきれない情報もあるため，ニーズを的確につかむための手がかりを集める必要がある。

4）　家族との面談

利用申し込みを受けて，家族との入所面接が行われた。出席者は家族側から妻（58歳）と長男（26歳），施設側からは生活相談員（社会福祉士）と介護主任（介護福祉士・介護支援専門員）である。

●妻が表出した心配事と願い

早くうちに帰してあげたいけど，仕事のこともあるし，いまお父さんが帰ってきてもやっていけない。もう少し時間がほしい。お父さんは病気の前と後では別人のようになってしまった。私に辛く当たるし。前は頑固ではあったけど家族思いの人だったのに。いったいどうしたというのだろう。

●息子が表出した心配事と願い

親父が取り仕切ってやってきた仕事を親父抜きでなんとか続けなくてはいけない。倒れてから親父のすごさを余計に感じている。正直なところ，いまは家業のことで頭がいっぱい。できれば当面施設で面倒をみてほしい。家に戻してあげたいけれども，いまのトイレも一人で危なっかしい様子では一人で家においておけないと思う。

5）　面接によって得られた情報の整理と家族の希望のまとめ

表出された内容を整理すると，トイレなどの日常動作を安全に一人でできないようでは自宅での介護は難しいと考えていること，家業と介護を両立させることの困難さと不安を家族が感じていること，また病気を境に本人の妻への接し方が大きく変化し，その変化の理由もわからず困惑していることが

わかった。また，家族は退院後の本人の具体的な生活イメージをつくることができていないことも推測された。

6) 病院からの退院と老人保健施設入所に向けての具体的な打ち合わせ

面接の結果，現在の大学病院を退院し当面老人保健施設へ入所するという暫定的方針が決定された。身内の病気というのは家族にとっても大きな試練であり，治療終了後の明確な生活イメージを描くのは本人にとっても家族にとっても困難な場合が非常に多い。本事例においても，妻も長男も退院から先のMさんをどのように支えていけばよいかわからず，老人保健施設入所の目的も不明確で，とりあえずすぐの退院は困ると考えている状態である。また，何より当の本人の現在の様子や意向に不明な点が多い。入所までに本人の心身状況と意向を確認し，家族も交えて入所目的を明確化する必要がある。

7) 必要情報の収集と本人の思いの確認

家族からは介護のことと，家業である工務店に関する心配事が多く語られている。本人にとっても祖父の代から受け継いだ仕事は大きな気がかりであるはずであり，援助を考えるうえでのポイントとなる可能性がある。そこで介護主任は病院を訪問し以下の点を中心に調査を行うことにした。

・ADL（日常生活動作）の具体的な状況（できる行為，している行為，できるようになる可能性がある行為）の確認→担当看護師（NS）と理学療法士（PT）
・糖尿病・高血圧などの生活に影響する疾病（しっぺい）の状況と注意事項の確認→主治医（Dr）
・本人の現在の状況認識（障害をどのように認識しているか）→本人
・本人の希望（どこで，どのように生活したいか，）→本人
・家業のことについて→本人

8) 面接調査の結果収集された情報は以下の通りである。

・車椅子と手すりがあれば，トイレに一人で行く能力がある→PT・NS
・身体能力的にはリハビリによって日常動作の自立が十分に見込める→PT
・糖尿病は現在内服で血糖値管理ができているが，家族や見舞客からの差し入れを間食に食べるようになり，このままだと食事制限が必要になる→Dr
・何でこんな身体になってしまったのか，とにかく悔しい。元通りの身体に

なりたい→本人
- リハビリをやる気分ではない。病院は嫌。早く自宅に帰りたい→本人
- 仕事に復帰してばりばり働きたいけれど……→本人

② ここまでに収集した情報の整理

アセスメントシートや情報収集シートなどの書式は，必要不可欠な情報を漏れなく収集するのに非常に便利である。だが，これらのシートに記入していくだけでは個々人の持つ強さなどのプラスの側面に注目し，ICFの視点に立って介護過程を展開していくことは困難である。Mさんは数多くのプラスの側面を持っている。しかし，なぜかそれが発揮されていない状況にある。

ADLや表面に強く表れている課題だけでなく，持てる力を出せなくしている要因についてもアプローチし，その人の全体像を描くための情報収集が必要である。集めた情報をもとに，ここからはニーズを抽出し，具体的な援助計画を構築していく。

演習3

Mさんにはどんなニーズがあるかアセスメントし，分析してみよう

演習3記入用シート

収集した情報	情報分析
情報分析から見えてきた支援の方向性	

アセスメントの例

収集した情報	情報分析
本人の現状認識 ・リハビリをやる気はない ・元通りの身体になりたい ・何でこんな身体になってしまったのか，とにかく悔しい などの表現で自分の現状認識を表出している	Mさんは病気によって身体状況が一変した。左半身を使えないという事実は大工という仕事をしてきたMさんにとっては受け入れることのできない大きすぎる衝撃ではないか？　だからこそ，健全な右側の能力に意識が向かず，リハビリをしようにも大工仕事ができるレベルにまで回復しないのなら無意味だ，と考えて

いるのではないか？
情報分析から見えてくる介護の方向性
Mさんは左半身麻痺という現在の身体の状況を受け入れることができないでいる（仮説）。まず必要なのはこの身体でどう生きていくか，という見通しを立てることと，今の状況でも担うができ，本人も価値があると実感できる役割を一緒に探すことではないか？

　表面的な出来事だけを考えるのではなく，何がこのような状況を招いているのか，という背景要因も合わせて考える必要がある。

　背景要因にまでさかのぼって考えないと，介護の根拠が不明確になり，表面化している出来事だけに左右されることになりかねない。要因を見極めることができないと根本にアプローチできず，対症療法で終わってしまう。

　介護過程は動作能力やわかりやすい問題事項だけでなく，対象者の内面など，意識してすくい上げないと捉(とら)えられないことも検討の対象とする。

　また，情報分析が本当に本人のニーズといえるかどうかの吟味が必要である。介護者の思い込みや押しつけにならないように，介護の初期段階では仮説として方向性を捉え，本人や家族との共同作業を通じて介護計画につなげていく必要がある。

演習4
Mさんのニーズを満たすための支援の方向性と介護計画を考えてみよう

　まず本人の思いから抽出したニーズに基づいて支援の方向性を定め，その方向に向かうような長期目標を設定する。長期目標は，対象者の「こうありたい」という状態を示すもので，やや抽象的になる場合もある。

　次に長期目標に到達するための中継地点となる短期目標を，具体的に達成，不達成がはっきりわかる形で具体的に定めていく。

　介護内容は，目的に沿って最も適した方法は何かを考えて選択していく。「介護」というとおむつを交換したり，移乗(いじょうかいじょ)介助を行ったりというイメージがあるが，安易に手を貸さず，本人のできる力を奪わないのも立派な介護である。ともすれば，手段が目的化して何のために介護しているのかがわからなくなるが，「目的」と「手段」をはっきり意識して計画を立案することが重要である。

　単に「自宅に戻る」ことがMさんのニーズではない。戻ることができたと

演習4 記入用シート

支援の方向性			
長期目標			
短期目標	①		
	②		
	③		
解決すべき課題	介護目標		介護内容
	長期目標	短期目標	

目標設定と介護計画の例

支援の方向性	自宅で棟梁としての経験を発揮できる役割を持って生活する。		
長期目標	自宅での生活動作を一人で安全に行える。		
短期目標	①車椅子への移乗動作が安全にできる。		
	②施設内を車椅子で自由に移動できる。		
	③洋式トイレでの排泄動作が安全にできる。		
解決すべき課題	介護目標		介護内容
	長期目標	短期目標	
①車椅子への移乗動作が不安定	ベッドから車椅子、車椅子からベッドへの移乗動作が自力で安全に実施できる。	移乗に関して自力でできる部分を認識し、徐々に自分で行う移乗動作を増やしていく。	離床時は一つひとつの移乗動作を確認しながら見守り、自力でできる部分を見極めて必要なところのみを介助する。
②車椅子で移動自立する力はあるが行えていない	施設内を車椅子で自由に移動できる。	健全な右手右足を使って車椅子をまっすぐ操作することができる。玄関の喫煙コーナーまで自力で移動し一服を楽しむことができる。	片手駆動での直進のコツを一緒に練習する。車椅子に乗って移動する目的を一緒に考える。家族面会時は居室ではなくロビーの面会コーナーまで移動するように促す。
③トイレで排泄可能なのにおむつへの失禁がみられる	洋式トイレでの排泄動作が失敗なく安全にできる。	排便を洋式トイレで行うことができる。	日中はタイミングを見て随時トイレへ誘導し、就寝前と朝食後は必ずトイレで排泄するよう習慣づける。

しても、役割がなく今の自分の状態を悲観したままであれば、居る場所が病院や施設から自宅に変わっただけになってしまう。

　ここで必要なのは、Mさんにとっての生きる意味であり、それが発揮できる居場所として初めて自宅が大きな意味を持ってくる。そして自宅に戻って

役割を持って生活するという具体的目的ができて初めて、日常動作を習得する意味が出てくる。動作取得はあくまで目的を達成するための手段であり、目的がないままに手段の部分を強調しても本人には納得できない。こういった、介護者が「必要だ」と考えること（ノーマティブニーズ）と対象者本人が「実感的に必要だ」と考えること（フェルトニーズ）との間には、ずれが生まれやすい。

現場で腕をふるうことはできなくなっても、棟梁（とうりょう）としての経験まで葬（ほうむ）られてしまったわけではない。豊富な知識や経験は弟子（でし）でもある息子達にとっても大きな財産である。こうした、今の自分でも果たせる役割を実感できれば、それを果たすために自宅に戻る、という明確な目的が生まれ、そのためには移乗、車椅子での移動、トイレの自立が必要不可欠となればそれらの動作を取得するための老人保健施設入所は本人にとって大きな意味を持つ。

今回は自宅に戻る際のポイントとなる移乗動作とトイレでの排泄（はいせつ）動作を例に介護計画を作成した。この二つの動作は、理学療法士から見て十分実施可能な動作であり、Mさんが自分の健全な力を実感できるきっかけになることや、家族が自宅での介護を考える際に不安に思っている部分でもあることから設定した。この他にも生活上の課題や目標になる事柄はいくつもある。

演習5
　以下の事柄についてアセスメントを行い、目標を設定し、介護計画を立案してみよう

・妻に対して依存的であったり、きつい口調で辛く当たったりする。
・同室者と口を利（き）かない。

③　この事例の考察

介護にかかわる専門職の側が絶対に必要だと認識している事柄であっても、本人や家族がそのことを必要だと実感するとは限らない。また、仮に必要性を認識したとしても「必要だとわかる」ことと「実際に行う」ことの間には大きな差がある。

例えば、ダイエットや早起き、禁煙などのように「○○したほうが良い」「△△しないほうが良い」とわかっていることでも、実際に行い、そして継

続するには動機づけや努力が必要である。

　本事例でいえば，立位訓練を行って安定した立位動作ができたほうが良い，移乗動作を修得して自力で車椅子に移れるほうが良い，排泄はトイレで行ったほうが良い，そしてそれが可能である，と病気や障害の度合いから介護者が判断していても，以前の脳虚血の際の後遺症もなく仕事に戻れた経験を持ち，「回復」とは元通りの身体に戻って，棟梁として現場で働くことと捉えていたMさんには通用しない。本人にとってのリアリティと一致し，「本人が考える生きる意味」と結びついて初めて「やる気が出る」ものなのである。

　Mさんは決して無気力なわけでも，やる気がないのでもなく，人生で初めて出会う危機的状況に戸惑い，病後の自分の身体でどうやって生きていけば良いかがわからなかったと推測される。それは周りの家族も同様である。

　介護者の働きかけによって，今の自分の心身状態を受け入れることで病気の後にも変わらずに残っている自らの力に気がつき，その力と，こうありたい自分の未来図とが結びついて実感できた時に初めて，Mさんがこれまでの人生で培ってきた，強さや役割，強みが発揮される土台ができたと言える。Mさんとその家族に必要だったのは，将来の見通しとそれに基づく新たな生きがいであり，それに気がついて初めて目標設定が行えたのである。

　生粋の大工であるMさんにとって，自宅は大きな意味を持つ。その家は父と2人で，自らの技術と家族への思いを込めて建てた作品であり，Mさん自身も息子2人を一人前の大工に育て上げ，子供たちが所帯を持つ時が来たら一緒に家を建てたいという夢があり，今回の病はその夢が現実味を帯びてきた矢先に起きた。

　介護者は身体面だけに注目するのではなく，本人や家族にとって必要不可欠な事柄に目を向け，対象者やその家族が生きてきた，そしてこれからも生きていく人生のストーリーを捉えなくてはいけないことを教えてくれる事例である。

(伊藤健次)

参考文献
(1) 渡部律子編著『基礎から学ぶ気づきの事例検討会』中央法規出版，2007年。

第14章

介護過程とチームアプローチ

　社会環境の変化や疾病構造の複雑化は，介護を必要とする人のニーズを多様化させる。これらの状況をふまえ，従来より，社会福祉施策を背景とした新たな国家資格が生まれてきた。多種多様の専門職がそれぞれの専門性をいかし，対象者の生活を支える仕組みになったことは望ましいことであるといえる。しかし，これらの専門職が協働して生活支援への実践を可能とするためには，共通のよりどころとなるものが必要である。それはつまり，共通の支援目標を持ち，実践していくための道筋としての介護過程であると言える。本章では，介護過程を概観し，チームアプローチの意義と方法についての理解を深める。

1　はじめに

(1)　チームアプローチとその必要性

　チームアプローチとは，多職種によるチームを編成し，共通の目標を達成するために，その人の問題点を把握し，問題解決に向けて，協働（チームワーク）して作業に取り組み，その人の自己実現を図ることである。
　高齢者が要介護状態に至る背景には，疾患や障害があり，社会で生活していくうえでの問題も多様である。そのため，必要とされるサービスや支援も多く，単一の職種だけでそれらの問題点を解決することは困難である。だからこそ多職種の専門家の協働による援助が不可欠となる。

(2)　わが国のチームアプローチの現状とその問題点

　チームアプローチを行うにあたって，わが国の医療機関においては，まず

職種を超えて相互理解することは容易ではないようである。

　水平方向には所属部門によるセクショナリズムが存在し，垂直方向には医師との関係で支配―被支配（従属）といった関係が存在するのである。

　そのため，現在のチームアプローチは，複数の職種が一緒に勤務するといった形式のみに留まっていることが少なくない。

　それは，高齢者に対する各種ケア従事者が，完全に独立した存在として，医師や施設長あるいはケアマネジャーの指示（order）という指揮系統によって機能してきたことによる。

　したがって，高齢者のケアサービスの全体像は，統括者(とうかつ)のオーダーに基づいて，複数の関係従事者が，必要とされる業務を，おのおのの身分法の規定により縦方向に分断し，さらに分担して遂行するというケアの形式を指していう場合が多かった。

　それにより，専門職種間の非干渉と連携不足が，情報の伝達不足を生じさせ，その情報が共有されない状況と相互の認識不足が，対象者にとってケアに対する不満や，ケア事故の要因の一つとして挙げられることがあった。

　そこで，非干渉かつ不連続を特徴とする形式的チームケアから情報を共有し，より良い治療サービスを提供することを共通の使命とするチームマインド（team mind）を共有するような機能的チームケアへと，転換の必要性が認識されるに至った。

　つまり，良好なチームアプローチの誕生には，複数の異なる専門職種が存在する状況だけでは萌芽(ほうが)はありえず，各専門職が同じ意識を持って不断の努力をすることが必要なのである。

　そして，各専門職が高齢者・家族と同じ目的・目標を持ち，それを具体化するための方法論を共有し，機能分担と相互干渉のバランスをとりながら，対象者情報を完全に共有する仕組みを考えていく必要がある。

　業務に一線を引き分担するのではなく，できる範囲とそれを超える範囲を理解することが必要である。

　また，チームアプローチはチームリーダーの力が大きく関与する。チームリーダーの設計思考や行動によって，対象者に対する職員の態度や行動に影

響が出る。それは，チーム内に相互作用，感情が存在するからである。

2　ケアマネジメント

(1) ケアマネジメントの機能と展開

マネジメントは，狭義で「経営」を意味する。それに対して，医療・福祉職がかかわるマネジメントは，ケアマネジメント，チーム・マネジメント，リスク・マネジメント，病院・施設・事業所のマネジメントなど広く「調整」を意味する。

現在約400万人を超えた要介護高齢者へのケアで言えば，介護だけが必要とはいえない。その多くは，疾患が原因であり，医療ニーズだけでなく，家族介護者のニーズにも応えなければならない。しかも，これらの多様なニーズを，限られた資源で満たすようケアマネジメントすることが必要となる。

ケアマネジメントは，わが国に介護保険で導入され，一般には「ケアを必要とする人が，常にそのニーズに合致した適切なサービスが受けられるように支援する一連の活動」と定義される。つまり，ケアマネジメントとは，対象者やその家族が持つ複数の生活課題（ニーズ）と社会資源を結びつけることである。

ケアマネジメントを通して，高齢者の身体機能や日常生活活動（ADL）能力，社会参加状況，家族の介護力などを幅広く把握したうえで，生活を改善

```
ミクロ
 ↕        ○ケアマネジメント
           ○退院・退所計画
           ○クリティカル・パス
           ○チーム・マネジメント
           ○リスク・マネジメント
           ○病院・施設・事業所マネジメント
           ○経営（狭義のマネジメント）
           ○政策マネジメント
マクロ
```

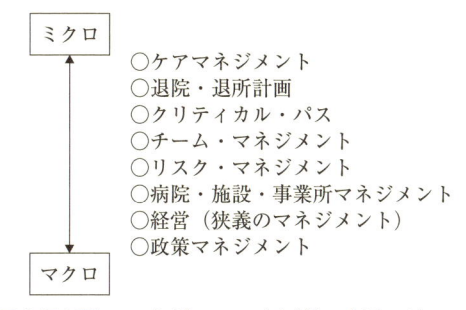

図14-1　医療福祉職のマネジメント（広義）の対象　（〈文献(1)〉より引用）

するために，さまざまなサービス提供機関と調整を行い，高齢者に対して適切なサービスが総合的・継続的に提供されるようにする活動として位置づけられている。

介護サービスが対象者に適切に提供されるためには，図14-1のようなマネジメントのステップをふむことが必要である。この一連の援助過程をケアマネジメントと呼ぶ。

(2) ケアマネジメントサイクル

① アセスメント（査定）assessment

対象者やその環境要因（介護者・住環境など）の状況，希望などを把握する。各種専門職団体などが，それぞれの特徴を持つアセスメント方式を提唱している。全国一律の訪問調査項目・主治医意見書と異なり，どの方式を（独自の方式でも）用いても良い。

② プランニング（計画策定）planning

アセスメントの結果に基づき，必要なサービスを組み合わせ，週間スケジュールの形のプランに具体化する必要がある。通常は，数ヵ月単位の期間に限定して，プランを作成していく。

③ ケア・コーディネーション（連結・調整）care coordination

プランが実施可能となるためには，実際にサービスを提供する機関の（曜日や時間帯など）受け入れ・提供体制が取れることの確認が必要となる。提供機関が複数ある地域であれば，その中から選択する必要がある。

関係機関に照会・調整・確認などをすることをケア・コーディネーションと呼ぶことがある。

④ インターベンション（サービスの提供・介入）intervention

プランに沿って実際にサービスが提供される段階である。サービスには全国共通の施設サービスと在宅サービス，また自治体ごとに異なるものもある。

⑤ モニタリング（追跡）monitoring

数ヵ月の間には，対象者の状態が変わったり，サービス内容が気に入らないなど，さまざまな変更が必要となる場面がある。このような事態を早期に

発見し，提供されるサービスの質を監視することをモニタリングと呼ぶ。

⑥ エヴァリュエーション（事後評価）evaluation

当初のケアプランの期間が終了する時点で，上記の一連の流れを振り返り，サービスを継続するのか，終了するのかなどの評価が必要である。継続するのであれば，改めて対象者の状態を評価し，新たなマネジメント・サイクルに入ることになる。

多様なニーズに応えるには，多職種からなるチームでアプローチすることが必要になるが，かかわる職種が増えるほど，チームはバラバラになりやすい。チームの力を発揮するために，チームをマネジメントすることもまた必要である。

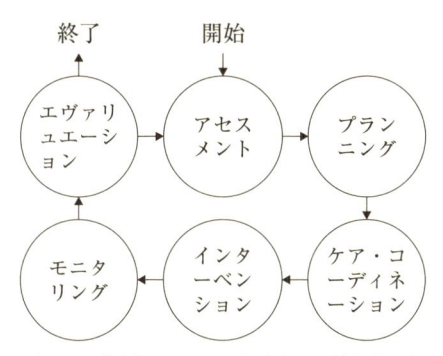

図14-2　ケアマネジメント・サイクル（〈文献(1)〉より引用）

3　介護にかかわる関係職種

(1) ネットワークの必要性

障害者の自立や社会参加を促進するためには，多くの職種の専門職が支援する必要がある。それらの分野は，医療，福祉，教育，心理，職業など広範囲な分野にまたがっている。

一般的には，疾患から始まる援助のネットワークは，医学的な役割を持つ関連職のネットワークから始まり，疾患や障害状態が安定するとともに，保

健・福祉・介護という生活面での援助へとネットワークが広がっていく。ここでは主に介護にかかわる関係職種の役割について述べる。

 ① 医師（Dr：doctor）

 医療及び保健指導をつかさどることによって，公衆衛生の向上及び増進に寄与し，国民の健康な生活を確保する。

 医師は，「医師法」や「医療法」に基づき，病院や診療所において診療行為を行い，自ら直接疾病を治療する他，看護師・保健師・薬剤師・理学療法士・作業療法士といった各医療関係者に指示や処方を出すなど，医療面で最も重要な中核となる役割を担っている。また，かかりつけ医は，ホームドクター（家庭医）とも言われ，日々の家族の健康状態を十分把握して，日頃から診察を行う。

 ② 介護支援専門員（care manager）

 ケアマネジャーとは，高齢社会を支える新たな社会制度として1997年（平成9年）12月に交付された「介護保険法」において，保険の適切な利用を図るための仕組みとして設定された介護支援サービス（ケアマネジメント）を担当する者で，要介護認定の結果に基づいての介護サービス計画の作成，継続的にサービス利用ができるよう援助する専門職である。

 ケアマネージャーの基本的視点は，人権尊重，主体性の重視，公正中立，個人情報の保護といった職業倫理のもと，要介護者の自立支援を図ることにある。その役割と機能としては，①利用者本位の徹底，②支援にかかわるチームアプローチの実施，③支援計画によるサービス手配と実施状況のモニタリング，及び計画の修正，④サービス実施体制におけるマネジメントの情報提供と秘密保持，そして信頼関係の構築や社会資源の開発などがある。

 ③ 看護職（看護師，保健師）（Ns：nurse, PHN: public health nurse）

 看護師とは，厚生労働大臣の免許を受けて傷病者もしくは褥婦に対する療養上の世話または診療の補助を行う業をする者をいう。

 保健師とは，保健指導を業とする地域包括支援センターで，介護予防ケアマネジメントをはじめ，高齢者の心身の健康の維持，生活の安定，保健・医療・福祉・介護予防の向上と増進のために必要な援助・支援を行う者をいう。

看護職には、法的に医療行為が認められている。医療行為は患者の生命や健康に直接大きな影響を及ぼす恐れがあるため、特定の資格を持った医療従事者しか法的に許されない業務独占の資格である。看護師、保健師の役割としては病院では看護師、家庭に至っては保健師に看護の役割が任せられることが多い。看護はいろいろな内容を含んでいるが、健康管理・精神・心理の面から援護することが大切である。

④ 理学療法士（PT：physical therapist）

理学療法士は、身体に障害のある者に対して、主としてその基本的動作能力の回復を図るため、治療体操その他の運動の実施や、電気刺激、マッサージ、温熱その他の物理的手段を加えることを医師の指示により行う。

運動機能の評価やリハビリテーション、車椅子や杖など福祉用具の選定や利用方法の指導、住宅改修の助言などを行う。住宅改修で手すりを廊下や玄関に取りつける際にも重要な役割を担っている。

⑤ 作業療法士（OT：occupational therapist）

作業療法士は、身体または精神に障害のある者に対して、主としてその応用的動作能力または社会的適応能力の回復を図るため、手芸、工作、その他の作業を行わせることを医師の指示により行う。

本来は精神科領域で行うリハビリテーションとして発達してきた職種で、「うつ」による精神活動低下や認知機能改善などの分野で活躍する職種である。また、脳梗塞による半身麻痺がある人の日常生活動作として、食事や洗面などの機能回復にも携わる。

高齢者は障害をもつ可能性が高いため、保健・福祉・介護の領域で日常生活や余暇活動、社会参加まで幅広くアプローチする。

役割としては4つに分けられる。①基本動作能力の維持・向上、②応用動作能力の維持・向上、③社会適応能力の維持・向上、④環境資源の調整と指導である。環境資源の調整と指導では、住宅改修などの環境調整や自助具・装具などの作成と適合訓練、家族指導などが挙げられる。

⑥ 義肢装具士（PO：prosthetist and orthotist）

義肢装具士は、医師の指示のもとに義手や義足、四肢体幹の装具を採型、

設計，製作し身体への適合調整を行う専門職種である。

　義肢装具にかかわる専門職の歴史は古く，理学療法士（PT）や作業療法士（OT）などのリハビリテーション専門職種よりも以前からあった。

　義肢装具士は，個人または会社組織に所属して業務にあたっており，通常の医療機関では専門職種として配置しておらず，医師が必要に応じて処方や指示，意見を出して製作業者や義肢装具士に製作を依頼している。治療を目的として製作する場合には医療保険の対象となるが，症状が固定し，障害者の機能補塡（ほてん）用として製作する場合には，身体障害者福祉法に基づいて指定医の処方や身体障害者更生相談所の判定のもとに補装具として交付される。

⑦　言語聴覚士（ST：speech therapist）

　言語聴覚士は，音声機能，言語機能または聴覚に障害のある者に対し，その機能の維持向上を図るために，言語訓練やその他の訓練，これに必要な検査及び助言，指導，援助を行う。

　いままでは，難聴と器質変化に伴う言語発達を担い，最近では，摂食障害，嚥下（えんげ）障害に対する治療についても重要な役割を持っている。言語聴覚士は病院での治療・訓練に従事する割合が圧倒的に多いが，2005年の介護保険法改正で，職域が増してきた。今後，多くの言語聴覚士が介護保険制度に参入することが望まれ，実践が期待される分野である。

(2) チームカンファレンスの必要性

　カンファレンスの目的として，以下に5項目を挙げる。
1) 対象者の情報などを他職種で共有する。
2) 対象者が抱える課題・目標・支援などについて協議する。
3) 他職種の専門的な見地からの意見を検討する。
4) 目標達成のための各サービスについて具体的に何ができるか相互に理解する。
5) 各専門職が職能と職権を伝える。

　チームアプローチを行うためには，各職種はそれぞれの専門知識を発揮し，濃密なコミュニケーションによって相互理解を深め，目標を共有しなければ

第14章　介護過程とチームアプローチ

ならない。

(3) 対象者の目的に沿った連携のあり方

さまざまな領域の専門職及び民間活動を推進している人たちが介護領域において支援している。これらの関係者のチームアプローチが対象者の課題を解決するのに必要になってくる。

介護福祉士，ケアマネジャーなどの専門職は，チームのメンバー間の調整役であったり，またサービス提供者との調整役だったりする。そこでは，適切な専門職や関係者がチームワークを発揮し実践して初めて，対象者の望んでいる暮らしを実現することができる。各専門職や関係者が，互いに調整機能を持っていることを理解することが大切である。また，このような立場にある専門職は，常に対象者の権利擁護の考え方を習得し，実践する人でなければならない。

(4) チームアプローチにおける対象者と家族の介入

チームでの連携は最終的に対象者やその家族の意図する目標に反映されることが大切である。従来型チームアプローチのモデルは，対象者を中心としていたが，このモデルは対象者が受身的になりやすく，機能の向上につながらない。このことから臨床現場では，対象者・家族側の協力を得ずに目標達成することはできない。専門職種と対象者・家族双方のモチベーションが上がらなければ適切なケアにつなぐことは困難であると思われる。

目的意識の改革として，対象者・家族側もチームアプローチのメンバーとして専門職種と協働するとどうなるか。対象者・家族は自分たちのより良い生活を送るために，いろいろな意見を述べるようになるのではないかと考えられる。対象者は，何らかの疾患が原因で要介護状態に至っていることは明確であり，専門職種と連携なしに適切なケアを提供することは難しい。

また，専門職種は尊厳の保持，自立支援という理念に沿ったケアを提供するために，対象者の健康維持・改善はもちろん，環境に適し，安心した生活づくりを行う必要がある。したがって，より一層専門職種と患者・家族側の

意見交換が重要になってくる。これにより，対象者・家族側のモチベーションが向上し，主体的に目標達成に取り組むようになると考えられないだろうか。

やはり，図14-3のように，対象者・家族側を含むチーム全体が協働することで，共通の目標に向かうことが重要であると思われる。また専門職種と対象者・家族側の意識の向上が可能になるということは，身体的・精神的にも負担がかからず，目標，意向，要望の設定が明確になり，今後の方針・ケアプランを立案しやすい。そのような環境づくりが専門職種の務めである。

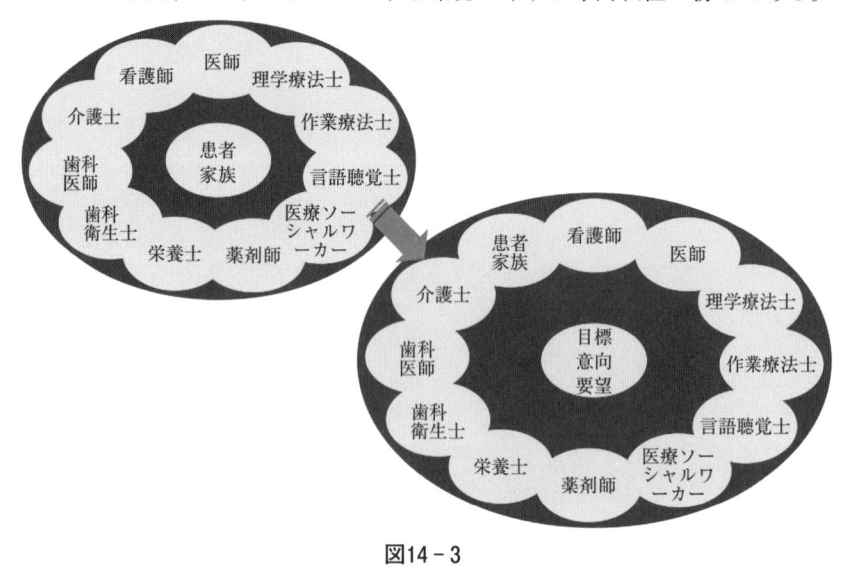

図14-3

(5) チームアプローチにおける介護福祉士の介入

チームアプローチの中で介護福祉士は他の専門職からの情報を取り入れ，日常の身体介護や生活支援にいかしていくことが必要である。

介護福祉士は，日常的に患者本人や家族に接する機会が最も多く，どの関係職種よりも情報量が豊富である。それだけに障害の変化に伴う生活状況を把握し，それを記録して他の職種情報を提供することも大切な役割である。

(6) 介護保険制度によるマネジメントと介護福祉士の役割

わが国では，厳しい財政状況改善のためと介護保険制度を持続性のあるものにするために，平成18年4月から改正介護保険制度が施行された。

高齢者人口の急激な増大により，超高齢社会を迎えているわが国において，介護保険制度を予防重視型のシステムに転換していくことは避けて通れない。

それに伴い，国は要援護者を施設入所から，できるだけ在宅へ，たとえ在宅へ戻れなくても自宅に類似した生活環境の住まいを提供する「施設から地域への暮らしへ」の方向に進んでいる。それにより，病院・施設から住み慣れた地域で普通の生活が保障されるような流れとなり，これから介護福祉士による在宅ケアの期待はいっそう大きくなっていくものと思われる。

患者のニーズはすべて地域の中にある。介護福祉士は介護保険制度においては，なじみのある地域や家・見慣れた景色・家族や知人の中での生活を支えていくこと，尊厳を支えるケアの実践が主な仕事である。

病院から施設，施設から在宅へ移行するほど，医療よりも対象者が希望する生活が前面に出てくるべきであり，チームアプローチにおいても，介護職の役割は大きなものとなる。今後ますます介護福祉士の他職種との協働によるチームケアが必要となってくる。

(7) 介護者に対する理解と連携して介護を行う体制づくり

対象者のケアを進めていくうえでは，一番の介護者である家族の正しい現状の理解と協力，適切なかかわりが必要不可欠である。認知症ケアでは特に，家族のかかわり方によって対象者の生活が大きく左右されるようになる。しかしながら，認知症高齢者を抱える家族は「認知症」という現実に戸惑い，混乱し，受け入れるまでに相当な時間がかかり，また現状を軽視してしまうこともあり，医療や介護のサービス利用が思うように進まず，その結果ますます対象者の混乱を招いてしまう。

サービスを提供していくうえで，介護福祉士をはじめ各専門職は，まず対象者本人と家族のその時々の心情をしっかりと把握することが大切である。

次に家族には対象者の問題を受け止めたうえで，認知症への理解を深めてもらい，しっかりしたチーム体制で連携を図ることが重要である。

(羽柴香恵・弓掛秀樹)

参考・引用文献

(1) 近藤克則『医療・福祉マネジメント』ミネルヴァ書房，2008年。
(2) 厚生労働省「平成18年人口動態統計月報年計（概数）の概況」
(3) 鷹野和美『月刊総合ケア17(4)(地域ケアにおけるチームケアとはなにか)』医歯薬出版，2007年，12-19頁。
(4) 松坂誠應『月刊総合ケア17(4)(長崎大学における実践的チームアプローチ教育)』医歯薬出版，2007年，20-22頁。
(5) 鷹居樹八子『月刊総合ケア17(4)(チームアプローチ教育活動とそのせいか)』医歯薬出版，2007年，23-29頁。
(6) 鷹居樹八子，調漸『月刊総合ケア17(4)(目指すべき専門職とは―チームアプローチ教育への取り組みと学び)』医歯薬出版，2007年，30-36。
(7) 白髭豊『月刊総合ケア17(4)(チームアプローチ教育への期待)』医歯薬出版，2007年，37頁。
(8) 宮田ゆう子『月刊総合ケア17(4)(チームアプローチ教育への取り組みを通じて)』医歯薬出版，2007年，38頁。
(9) 道辻美佐子『月刊総合ケア17(4)(チームアプローチ教育の成果と課題)』医歯薬出版，2007年，39頁。
(10) 村松智子『月刊総合ケア17(4)(急性期の総合病院における退院支援の現場から)』医歯薬出版，2007年，40-44頁。
(11) 惣万佳代子『月刊総合ケア17(4)(地域密着型サービスの現場から―このゆびとーまれの取組)』医歯薬出版，2007年，45-48頁。
(12) 矢野浩二『月刊総合ケア17(4)(回復期リハビリテーション病棟におけるチームアプローチとその戦術)』医歯薬出版，2007年，49-53頁。
(13) 山田尋志『月刊総合ケア17(4)(高齢者総合福祉施設におけるチームアプローチ)』医歯薬出版，2007年，54-57頁。
(14) 因利恵『介護福祉No.42(在宅介護を担う介護福祉士の役割)』2001年，19-38頁。
(15) 荘村多加志『介護概論』中央法規出版，2007年，230-233頁。

(16) 東京商工会議所編『福祉住環境コーディネーター検定試験2級公式テキスト』東京商工会議所検定事業部検定センター，2008年。
(17) 大井川裕代他編『医療と介護の連携・調整』ぎょうせい，2008年。
(18) 荘村多加志『社会福祉援助技術』中央法規出版，2007年。
(19) 畑野栄治『月刊総合ケア17(11)(介護予防の課題と展望を考える―5つのMの観点から―)』医歯薬出版，32-38頁。
(20) 田邉浩康「家族は，利用者の現状をちゃんと捉えてくれてますか？―適切なサービスを提供のための家族へのアプローチ―」『おはよう21』9月号，62-65頁。

索　引

ア

IADL　17
ICIDH　27, 80, 163
ICF　21, 27, 80, 163
ICFモデル　186, 193
垢(あか)　99, 106
アセスメント　175, 179, 182, 188, 198
洗い場の底上げ　33
アルフォンス・デーケン　167
安全の欲求　14, 181
衣生活(いせいかつ)　46
依存　19
移動　61
衣服着脱介護　49
衣服内環境　46
運動機能　129
AMA　160
ADL　16, 197
L字型手すり　29
嚥下(えんげ)　81, 93
嚥下能力　138
起き上がり　66
おむつ　127
温度差　104

カ

介護　170
介護過程　171, 175

介護過程のプロセス　171
介護支援専門員　192, 208
介護の実施　192
介護の提供　173
介護の目標　191
介護保険制度　213
概日(がいじつ)リズム　150
介助(かいじょ)の必要性　171
階段昇降　74
活動　21, 163
活動（活動制限）　80
活動レベルの目標　188
加熱操作　139
かぶせ式便器　31
簡易スロープ　31
感覚機能　128
環境アセスメント　28
環境因子　21, 27, 80, 163
環境支援　26
環境づくり　120
観察　105, 176
乾式洗濯　142
義歯(ぎし)　57, 141
義歯の着脱　58
義歯の手入れ　58
機能的健康度　16
客観的データ　177, 187
QOL　14, 161
QOL向上　183

216

索　引

居宅介護支援事業所　192
具体的介護内容　191
グリーフケア　166
車椅子移動　75
グレーチング　34
ケア　18
ケアマネジメント　205
ケアマネジメントサイクル　206
ケアマネージャー　195，204
計画立案　175
化粧療法　55
血液循環　106
下痢（げり）　131
ケリーパッド　111，112，113
玄関アプローチ　30
健康状態　80
建築基準法　28
見当識（けんとうしき）　84
口腔内環境　56
口腔（こうくう）の清潔　55，56
効用　102
誤嚥（ごえん）　87，94
国民経済　148
個人因子　21，27，80，163
5W1H　184

サ

採尿器（さいにょうき）　125
座位保持能力　88
サーカディアンリズム　150
差し込み便器　125
査定　179
参加　21，163

参加（参加制約）　80
参加レベルの目標　188
自己実現の欲求　14，181
支持基底面　63
自助具（じじょぐ）　85
事前指示　159
自尊・支配の欲求　14，181
自尊心　119
室温　112
失禁（しっきん）　133
実施　175
湿式洗濯　142
CPR　162
社会福祉士　196
シャワーキャリー　35
重心　63
重度化対応加算　165
終末期介護　162
主観的データ　177，187
手段的自立　16
主目標　188
障害モデル　27
状況対応　16
承認と帰属の欲求　14，181
上腹部圧迫法　96
情報収集　175，176
賞味期限　141
消耗　105
食具（しょくぐ）　81，84
褥瘡（じょくそう）　100，147
自立支援　25
シルバーカー　72
心身機能・構造（機能障害）　80

217

心身機能・身体構造　21
人的因子　27
人的環境因子　21
心房細動（しんぼうさいどう）　186，187
水分補給　116
睡眠周期　150
スリングシート　38
スロープの設置　31
生活機能　16，21
生活機能及びその障害　80
生活空間　17
生活行動　15
生活習慣　15
生活相談員　195，196
清潔　99
生命維持治療　162
整容　53
生理的欲求　14，181
舌苔（ぜったい）　56
洗髪　54，112
全部床義歯（ぜんぶしょうぎし）　57
専門的な技術　173
専門的な知識　173
咀嚼（そしゃく）　81，93，138
ソーシャルサポート　21
ソーシャルニーズ分類法　180

タ

対象者から信頼される介護　172
他職種　133
立ち上がり　67
脱健着患（だっけんちゃっかん）　49
多尿　132

WHO　163
ターミナル期　163
短期目標　184
段差解消機　31
段差の解消　28
知覚　16
チームカンファレンス　210
着衣失行（ちゃくいしっこう）　53
長期目標　184
提案　19
ティッピングレバー　75
手浴　110
展開　175
転倒　116
トイレ　31，122
トイレ・シャワー用車椅子　35
トランスファー　69
トランスファーボード　37
取り扱い絵表示　142

ナ

ニーズの把握　180
入浴　33，99
入浴環境　115
尿路感染　109
忍耐　20
認知　16
認知機能　81，129
寝返り　65
ノーマティブニーズ　180，201
ノンレム睡眠　149

索　引

ハ

背景因子　21
バイスティックの7原則　177, 178
排泄介護への負担　121
排泄習慣　119
バイタルサイン　81
背部叩打法（はいぶこうだほう）　96
ハイムリック法　96
廃用症候群　25, 187
パーキンソン病　122
8020運動　55
話し合いによる同意モデル　160
バリアフリー　38
判断　179
ハンドリム　75
POLST　162
非加熱操作　139
評価　175, 184, 192
頻尿（ひんにょう）　132
ファーラー位　125
フェルトニーズ　180, 201
福祉用具　89
物理因子　27, 28
部分床義歯　57
部分浴　110
プライバシー　113
ブラッドショー　180
フランクルの自己実現　181

浮力　103
プロセス　175
ベッド上移動　63
便秘　130
歩行　72
ポータブルトイレ　123

マ

マズロー　14
マズローの欲求段階　14, 180
身じたく　41
身じたくの介護　42
看取り介護加算　166
目標　184
問題解決　175

ヤ

優先順位の決定　180
ユニットケア　39
ユニバーサル・デザイン　38
浴室の手すり　34
欲求段階　14, 181

ラ

理学療法士（PT）　197, 209
リフト　31, 38
リラックス　100
レム睡眠　149
老人保健施設（老健）　193

219

執筆者一覧（所属は，刊行時のものです。）

守本とも子	岐阜医療科学大学（第10章）〈編者〉	
星野政明	名古屋経済大学大学院人間生活科学研究科〈編者〉	
川口ちづる	岐阜医療科学大学（第1章，第7章）	
山形力生	姫路獨協大学（第2章）	
今村美幸	広島大学大学院総合学科研究科（第3章）	
岡崎大資	群馬パース大学（第4章）	
横井賀津志	姫路獨協大学（第5章）	
高畑進一	大阪府立大学（第5章）	
新谷奈苗	岐阜医療科学大学（第6章，第12章）	
三毛美恵子	奈良県立医科大学（第7章，第11章）	
石﨑利恵	関西学研医療福祉学院（第8章）	
山田多賀子	関西学研医療福祉学院（第8章）	
吉村雅世	奈良県立医科大学（第9章）	
木村洋子	奈良県立医科大学（第9章）	
坂東春美	奈良県立医科大学（第10章）	
溝上五十鈴	広島都市学園大学（第13章）	
伊藤健次	山梨県立大学（第13章）	
羽柴香恵	株式会社 AT HOME（第14章）	
弓掛秀樹	朝日医療専門学校福山校（第14章）	

編著者紹介

守本とも子

大阪教育大学大学院教育学研究科健康科学専攻修士課程修了，関西学院大学大学院博士後期課程社会福祉学専攻修了（社会福祉学博士），早稲田大学大学院情報生産システム研究科博士後期課程退学（研究指導終了）広島国際大学助教授（在宅看護学），三重県立看護大学助教授（終末期看護学），奈良県立医科大学医学部看護学科教授（老年看護学，社会福祉学，国際看護論）を経て，現在，岐阜医療科学大学教授（基礎看護学，国際看護論），関西学院大学社会学部（介護概論）で非常勤講師を務める。
〈著書〉『新課程・国家資格シリーズ⑦ 介護概論』（星野政明共著，黎明書房），『QOLを高める専門看護，介護を考える（上巻・下巻）』『新 QOL を高める専門看護，介護を考える』（星野政明共編，中央法規出版），『老年看護学』『国際看護学への学際的アプローチ』（共著，日本放射線技師会出版会）他。

星野政明

1941 年生まれ。三重県立看護大学大学院教授（社会福祉学特論），三重県立看護大学看護学部教授（社会福祉学）を経て，名古屋経済大学人間生活科学部教授（児童福祉学・社会福祉学）兼大学院人間生活科学研究科教授（社会福祉学研究・子ども福祉学研究），藤田保健衛生大学大学院客員教授（セルフケア学特論），名古屋大学医学部保健学科非常勤講師（社会福祉学），愛知医科大学看護学部非常勤講師（保健医療と福祉），岐阜医療科学大学客員教授（社会福祉原論）。九州保健福祉大学大学院連合社会福祉学研究科博士（後期）課程〔通信制〕（社会福祉学特殊講義Ⅰ・社会福祉原論）。
〈編著書〉『知っているときっと役に立つ看護の禁句・看護の名句』『これだけは知っておきたい介護の禁句・介護の名句』『新課程・国家資格シリーズ①〜⑤，⑦巻』（以上，黎明書房），『社会福祉学概論』（中央法規出版）他，共著書，論文等。
〈訳書〉『ケアリング・ワールド』（監訳）『社会福祉三つのモデル』（共訳，以上，黎明書房），『新しいアドミニストレーション』（共訳，日本 YMCA 同盟出版部），『イギリス社会福祉発達史』（風媒社）他。

生活支援技術・介護過程

2010年6月10日　初版発行

編 著 者	守本とも子／星野政明
発 行 者	武馬久仁裕
印　　刷	株式会社　太洋社
製　　本	株式会社　太洋社

発 行 所　　株式会社　黎明書房

〒460-0002　名古屋市中区丸の内3-6-27　EBSビル
☎052-962-3045　FAX 052-951-9065　振替・00880-1-59001
〒101-0051　東京連絡所・千代田区神田神保町1-32-2
南部ビル302号　☎03-3268-3470

落丁本・乱丁本はお取替します。　ISBN978-4-654-05722-1

Ⓒ T. Morimoto & M. Hoshino 2010, Printed in Japan

守本とも子・星野政明編著　　　　　　　　　Ａ５判　204頁　予価2200円
介護の基礎
　　介護福祉士養成シリーズ①　尊厳の保持，自立支援という新しい介護の
　　考え方から，介護サービス，介護における安全，チームケア等介護の基
　　礎について理解するための関係者必携の書。(近刊)

R.ピンカー著　星野政明・牛津信忠訳　　　　Ａ５判　376頁　4300円
社会福祉三つのモデル　　福祉原理論の探究
　　現実主義的理想主義に基づく「新重商主義的集合主義」による社会福祉
　　の第三モデルを提起。イデオロギー終焉後の世界を見通した名著の改訳
　　版。日本の福祉像に光を与える「時を越えて生きる福祉原理論」。

OECD編　牛津信忠・星野政明・増田樹郎監訳　Ｂ５判　171頁　2800円
ケアリング・ワールド　　福祉世界への挑戦
　　各国の経済学・人口統計学上のデータから現代社会の実状を描き出し，
　　「福祉世界」の実現に向けた新しい社会政策の在り方を示す。福祉関係
　　者必読。支出傾向／所得の分配／雇用指向の社会政策実現への課題／他。

星野政明・増田樹郎編著　　　　　　　　　　四六判　214頁　1600円
これだけは知っておきたい**介護の禁句・介護の名句**
　　介護の現場で使われがちな不適切な言葉がけの事例を紹介・考察し，利
　　用者との信頼関係をつくる適切な言葉がけをアドバイス。またいつもと
　　同じ昔話ですね／がんばって食べましょうね／今忙しいから／他。

前原澄子監修　増田樹郎・星野政明他編著　　四六判　239頁　1900円
知っているときっと役に立つ**看護の禁句・看護の名句**
　　看護の現場で不適切な言葉がけの事例を「気配りとしてのケア」「共感と
　　してのケア」「心情に寄りそうケア」などに分けて紹介。利用者や家族の
　　心身を癒す適切な言葉がけをアドバイス。いつものことですね／他。

高齢者アクティビティ開発センター監修　高橋紀子著　Ｂ５判　64頁　2000円
高齢者と楽楽コミュニケーション　　レク・生活の場面編
　　イラスト版　アクティビティディレクター入門シリーズ①　高齢者と上
　　手にコミュニケーションを取りながら，個々の高齢者の心身の状態を的
　　確に把握し，生活場面に応じたレクを楽しく進めるためのノウハウ。

高齢者アクティビティ開発センター監修　片桐由喜子著　Ｂ５判　64頁　2000円
高齢者と楽楽コミュニケーション　　手工芸の場面編
　　イラスト版　アクティビティディレクター入門シリーズ②　高齢者・家
　　族や他のスタッフと上手にコミュニケーションを取りながら，高齢者一
　　人ひとりの好みや症状にそった手工芸活動を提供するためのポイント。

表示価格は本体価格です。別途消費税がかかります。

高齢者アクティビティ開発センター監修　綿祐二編著　　B5判　64頁　2000円
高齢者の寄りそい介護　考え方・進め方
イラスト版　アクティビティディレクター入門シリーズ③　高齢者のよりおいしく食事をすること・より気持ちよい排泄・より気持ちよい入浴・より心地よい衣服の着脱などの考え方と介助の仕方を紹介。

藤島一郎監修　青木智恵子著　　　　　　　　　　　B5判　130頁　2300円
Dr・歯科医師・Ns・ST・PT・OT・PHN・管理栄養士みんなで考えた
高齢者の楽しい摂食・嚥下リハビリ＆レク
効果の上がるリハビリやレクを，摂食・嚥下の基礎知識，障害予防，医学的な解説を加えてやさしく紹介。オリジナル「摂食・嚥下カルタ」付き。

高齢者アクティビティ開発センター編著　　　　　　B5判　80頁　2200円
介護の現場で今すぐ使える季節の手工芸
AptyCare 福祉文化シリーズ③　付・四季のかんたん楽楽園芸　陶芸・裁縫・折り紙や，昔懐かしい風車や羽子板遊びなどの手工芸レクを満載。用意するものから，作り方，遊びのポイントまで丁寧に解説。

高齢者アクティビティ開発センター編著　　　　　　B5判　80頁　2200円
高齢者施設の季節の小さな壁面かざり
AptyCare 福祉現場シリーズ②　手軽にできる，四季折々の壁面かざりの作り方を，イラストとともに紹介。認知症や身体に不自由がある人でも取り組める工夫や配慮の仕方，道具や素材の選び方なども詳述。

高齢者アクティビティ開発センター監修　　　　　　B5判　84頁　2300円
川瀬神経内科クリニックデイケアセンター樫の森著
脳活性化のための早期認知症のアクティビティプログラム
AptyCare 福祉現場シリーズ③　高齢者の身体機能の維持と認知症の進行予防を目的とした，脳活性化訓練プログラムの考え方・進め方。

今井弘雄著　　　　　　　　　　　　　　　　　　　A5判　98頁　1500円
車椅子・片麻痺の人でもできるレクリエーションゲーム集
高齢者のレクリエーションシリーズ⑤　車椅子・片麻痺の人も，グループの仲間に入って楽しめるゲームを，イラストを交えて42種紹介。テーブルサッカー／後ろ投げバスケット／クルクルロケット／射的／他。

今井弘雄著　　　　　　　　　　　　　　　　　　　A5判　102頁　1600円
介護予防と転倒予防のための楽しいレクゲーム45
お年寄りが笑顔で楽しむゲーム＆遊び①　高齢者の体力・筋力の維持・向上，機能回復を図る楽しいレクゲーム45種を「歌レク体操」「介護予防のための手あそび・指あそび」「体を動かすレクゲーム」に分けて紹介。

表示価格は本体価格です。別途消費税がかかります。

清水允熙・清水学著　　　　　　　　　　　　　　　　　　　各A5判
認知症（全3巻）
- Ⅰ　症状の心理学—高年期認知症と簡易症状表　　117頁　1800円
- Ⅱ　認知症の症例集—高年期認知症の適切な対応　　185頁　2400円
- Ⅲ　心理学的な対応—高年期認知症の会話による治療と予防　105頁　1700円

田中和代著　　　　　　　　　　　　　　　　B5判　80頁　1500円
重度痴呆のお年寄りのレクリエーション援助　痴呆の人も幸せに
重度痴呆のお年寄りに，生きる喜びや人とのふれあいの機会をより多く持ってもらうための，一人ひとりの症状や生育暦に対応した，新しい援助実践の考え方・進め方を，豊富な具体例とともに紹介。

田中和代著　　　　　　　　　　　　　　　　B5判　79頁　2600円
痴呆のお年寄りの音楽療法・回想法・レク・体操
CD付：車イスの人も一緒にできる体操　専門家でなくてもできる手拍子を取り入れた音楽療法や，様々なレクの方法を，図と写真を交えて紹介。リハビリ体操，タオル体操は，付属CDですぐに実践できます。

田中和代著　　　　　　　　　　　　　　　　B5判　95頁　2000円
誰でもできる回想法の実践
痴呆の人のQOL（クオリティ・オブ・ライフ）を高めるために　家庭や施設などでできる回想法を，その目的から手順，留意点，回想するテーマ，お年寄りとの会話の展開例へと，順を追ってわかりやすく紹介。

田中和代作・構成　　　　　　　　　　　　B4判　ケース入り　5500円
子どももお年寄りも楽しめるホワイトボード・シアター桃太郎
解説書・磁石付き　切り抜いて磁石を貼るだけで使える，カラーの絵人形と解説書（脚本），掲示用の「桃太郎」の歌詞のセット。ホワイトボードにつけて今すぐ上演！　痴呆のお年寄りの回想法に効果的。

小川信夫作・構成　中村美保絵　　　　　　B4判　ケース入り　6000円
水戸黄門漫遊記
高齢者のためのパネルシアター＆ペープサート①　切り抜くだけで使えるカラー刷り絵人形と，上演の手引き・脚本を収録した解説書からなる動く紙芝居セット。痴呆のお年寄り向けの脚本（田中和代脚色）付き。

三宅邦夫著　　　　　　　　　　　　　　　　A5判　93頁　1600円
毎日が笑って暮らせる生き生き健康あそび45
お年寄りが笑顔で楽しむゲーム＆遊び④　90歳の著者が，現場で大好評の，体や脳が生き生きし，気持ちが明るくなる健康ゲームを多数紹介。「足踏み体操」「座ぶとんでバランス」など，家庭や施設で手軽にできます。

表示価格は本体価格です。別途消費税がかかります。